银行理财
就这么简单
从入门到精通

崔嘉逸 ◎ 著

中国铁道出版社有限公司
CHINA RAILWAY PUBLISHING HOUSE CO., LTD.

图书在版编目（CIP）数据

银行理财就这么简单：从入门到精通/崔嘉逸著. —北京：
中国铁道出版社有限公司，2023.7

ISBN 978-7-113-30120-0

Ⅰ.①银… Ⅱ.①崔… Ⅲ.①银行-金融产品-基本知识

Ⅳ.①F830.9

中国国家版本馆CIP数据核字（2023）第060246号

书　　名：**银行理财就这么简单——从入门到精通**
　　　　　YINHANG LICAI JIU ZHEME JIANDAN：CONG RUMEN DAO JINGTONG
作　　者：崔嘉逸

责任编辑：张亚慧　　**编辑部电话**：（010）51873035　　**电子邮箱**：lampard@vip. 163. com
封面设计：宿　萌
责任校对：苗　丹
责任印制：赵星辰

出版发行：中国铁道出版社有限公司（100054，北京市西城区右安门西街 8 号）
印　　刷：河北宝昌佳彩印刷有限公司
版　　次：2023 年 7 月第 1 版　2023 年 7 月第 1 次印刷
开　　本：710 mm×1 000 mm 1/16　**印张**：13　**字数**：161 千
书　　号：ISBN 978-7-113-30120-0
定　　价：69. 00 元

前　言

    银行理财产品作为普通大众常见和喜爱的投资品种，从诞生发展至今，已达到 30 万亿元级别的规模，在各类资产管理产品中占据了最大的市场份额。随着 2022 年"资管新规"和"理财新规"的正式实施，刚性兑付被打破，过往的保本保收益产品消失不见，取而代之的是全新的非保本浮动收益型净值化产品。产品类型与特征已与之前的预期收益型产品不可同日而语。可以说，银行理财产品已经发生了翻天覆地的变化，再用老眼光、老思路进行投资，已经不能适应新的理财市场的发展了。

    2022 年一季度股票市场的剧烈波动和债券市场的震荡，让市场上部分理财产品发生了亏损，认为一直没什么风险的银行理财产品，怎么收益竟然会成为负值？这些都是对过往刚性兑付的认知依赖，对当前的银行理财产品没有充分理解的缘故，也是对理财产品风险认识不足导致的。

    在全面净值化的理财产品新时代，银行理财产品的收益与风险呈现出与过往完全不同的全新特征。打破刚性兑付、不保本，净值变化不稳定，投资有风险变得真真切切。对银行而言，投资者教育任重道远，不仅是业务合规的需要，更是消费者权益保护的需要；对广大社会公众而言，有必要对貌似熟悉的银行理财产品进行再认识。理财产品模样还是那个模样，但内里的本质和风险已经截然不同，提高理解和认知是保护自身利益的前提。

    本书着眼于当前理财市场变化之背景，聚焦银行理财产品的发展与现状，详细介绍了银行理财产品的方方面面，特别是围绕理财产品的核心要素进行了详细剖析，不仅介绍是什么，也注重解释为什么，既从专业角度解释了产品背后的逻辑，也从普通投资者角度讲解了产品的投资要点。最后，还提示了投资银行理财产品不应忽视的若干细节与策略建议。

    具体来看，可分为三个部分，共十章。

    第一部分为第 1～3 章，主要介绍投资理财的原因和动机，银行理财发展的前世今生，以及银行理财产品投资不同于公募基金、信托、保险等其他产品的优缺点，在纵向和横向对比中清晰定位银行理财产品投资属性。

    第二部分为第 4～8 章，详细介绍银行理财产品的核心要素，结合法规和监管要求，对银行理财产品的不同类型、募集资金运用、投资风险、费用收取和关键投资时点进行解读和审视，重在让投资者掌握银行理财产品设计和运作的内在逻辑与外在表现，以助力提升投资效率。

第三部分为第 9 ～ 10 章，介绍投资银行理财产品不应忽视的若干细节与策略建议，通过对滚动投资与先赎再投、现金分红与红利转投等多个常见问题的比较选择，揭示投资细节的区别，并对投资给出务实建议。

在写作体例上，本书立足普通大众，对之前最为熟悉的银行理财产品进行新规下的全新审视，通过系统化、专业化、实操化的逻辑讲解，进行再入门、再深化、再认识。全书理论翔实、案例丰富，结合新近法规，契合发展形势，与时俱进，确保时效性，同时围绕实际投资操作，注重细节介绍，注重挖掘为什么，且在投资者视角之外，通过每章后附的小贴士，从银行的角度，介绍银行理财产品的设计和运作原理，让投资者不但知其然，更知其所以然，扩大投资者银行理财产品投资的新视野。

本书显著不同于其他书籍，通俗性和专业性兼顾，时效性和实操性兼具，从银行内外部双重视角进行解读，定会让投资者耳目一新。从这个意义上讲，本书定位于银行理财产品投资实战的专业版，带你穿越银行理财产品投资的重重迷雾，抽丝剥茧、化繁为简，将银行理财产品看个明明白白，让银行理财产品投资变得轻轻松松，实现从入门到精通的跨越。

本书适用于有投资理财需求的个人和家庭，尤其是风险偏好趋于保守稳健型的投资者。对于银行理财经理，以及渴望了解"资管新规"下银行理财产品运营与管理的广大读者，也具有很强的针对性和参考价值。本书不仅可以指导读者如何投资银行理财产品，更能助力投资者提高投资能力和理财专业水平，也可作为当前银行理财产品投资者教育专业范本。

当然，银行理财市场的发展日新月异，监管制度也时有变化，加之作者水平有限，本书不足甚至错漏之处在所难免，欢迎大家批评指正。

作　者

2023 年 3 月

| 目 录 |

第 1 章　我们为什么要理财　/　1

1.1　财富的增长与保值、增值 / 2

1.2　存款利率不敌通货膨胀 / 4

1.3　平衡资金实现自由生活 / 7

第 2 章　银行理财的前世今生　/　10

2.1　扬帆起航（2003—2005 年）：从模仿到创新 / 11

2.2　迅猛发展（2006—2017 年）：影子银行、非标准化债权类资产、

银行委外业务 / 14

2.3　艰难转型（2018—2021 年）：资管新规与理财新规 / 14

2.4　全新开始（2022 年之后）：不保本、净值化 / 19

第 3 章　投资银行理财产品有哪些优点　/　24

3.1　投资要兼顾"三性"的基本原则 / 25

3.2　银行理财产品的特点和相对优势 / 29

3.3　不保本不代表不安全 / 34

第4章　银行理财产品面面观　/　38

4.1　开放式还是封闭式 / 39

4.2　公募还是私募 / 41

4.3　固定收益类还是其他 / 45

4.4　非保本浮动收益型与净值型 / 48

4.5　收益率与投资期限 / 51

4.6　理财产品的风险等级 / 54

4.7　质押与转让条款 / 57

第5章　银行拿投资人的钱去干什么了　/　63

5.1　主要投资资产概述 / 64

　　5.1.1　债　券 / 65

　　5.1.2　四种发行量比较大的信用债品种 / 71

　　5.1.3　债券价格的波动规律 / 76

　　5.1.4　其他投资资产 / 79

5.2　不同类型产品的投资比例要求 / 90

5.3　理财投资资产的估值方式 / 92

5.4　杠杆经营 / 96

第6章　时间就是金钱，关键时点要搞清　/　99

6.1　认购期、认购日与起始日 / 100

6.2　到期日、清算期与到账日 / 103

6.3　开放期、申购及赎回 / 105

6.4　绝对收益率与年化收益率 / 111

第 7 章　我们购买理财产品需付给银行哪些费用　/　115

7.1　固定管理费与浮动管理费 / 116

7.2　销售服务费 / 118

7.3　托　管　费 / 119

7.4　认购费 / 申购费、赎回费 / 120

7.5　理财产品的其他费用 / 124

第 8 章　理财产品风险种类多，但丝毫不必恐慌　/　127

8.1　细数那些几乎数不完的风险 / 128

8.2　波动率与最大回撤 / 139

8.3　理性看待理财产品"破净" / 142

8.4　正确评价投资者自己的风险承受能力 / 148

8.4.1　投资者风险承受能力评级 / 149

8.4.2　投资者风险承受能力评估问卷 / 152

第 9 章　投资是一个细致活儿，诸多细节勿忽视　/　159

9.1　看到的净值就是赎回的金额吗 / 160

9.2　滚动投资还是先赎再投，哪个划算 / 162

9.3　现金分红与红利转投怎么选 / 166

9.4　如何做好待购资金的增值处理 / 169

9.4.1　货币市场基金 / 170

9.4.2　现金管理类理财产品 / 174

9.5　怎样防范理财"飞单" / 181

第 10 章　投资是一个专业事，绝不能糊涂　/　187

10.1　投资不能孤注一掷，一定要有资产配置的组合概念 / 188

10.2　投资就是交易，一定要仔细审视理财买卖协议 / 191

10.3　银行理财投资是委托专业人干专业事，一定不能所托非人 / 193

第 1 章

我们为什么要理财

有一句俗语，你不理财，财不理你。这是我们必须理财的原因吗? 答案: 是，也不是。说它是，是因为如果想获取更多的财富，确实需要做出一点动作，理财是必不可少的; 说它不是，是因为这句话似是而非，并没有道出我们理财的真正目的。

简单来说，我们要理财有三条理由: 增长财富、战胜通货膨胀、平衡生活。

1.1 财富的增长与保值、增值

自改革开放以来,我国的经济发展取得了巨大的成就。伴随着经济的发展,社会财富不断增长,居民收入也水涨船高。我们来看两个指标。

1. 国内生产总值

第一个指标是国内生产总值(GDP),这是衡量一个国家或地区经济状况和发展水平的重要指标。通俗地说,所谓GDP,是指在一定时期内(比如一个季度或一年),一个国家或地区全部的单位或个人所生产出来的全部最终产品和劳务的价值总和,常被公认为衡量国家经济状况的最佳指标,可以被看作国家经济状况的"晴雨表"。它不但可以反映一个国家的经济表现,还可以反映一国的国力与财富。

在当今世界上,每个国家都非常关心经济增长。因为如果没有经济的适当增长,就没有国家的经济繁荣和人民生活水平的提高。

分年度来看,中国的GDP在1956年刚刚上千亿元;经过30年的发展,1986年上万亿元;2000年突破10万亿元大关;到了2010年超过日本,位居世界第二,并一直保持到今天;到了2020年,GDP则一举突破100万亿元大关。而人均GDP水平则从改革开放之初的200美元,到2019年实现了1万美元。放眼全球,中国在经济上取得的成就完全称得上"人类经济史上的奇迹"。尤其是自1978年改革开放以来,中国经济加速发展,截至2021年,在43年的时间里,经济年均增速超过9%,如图1-1所示;相比之下,同期世界经济年均增速不到3%。

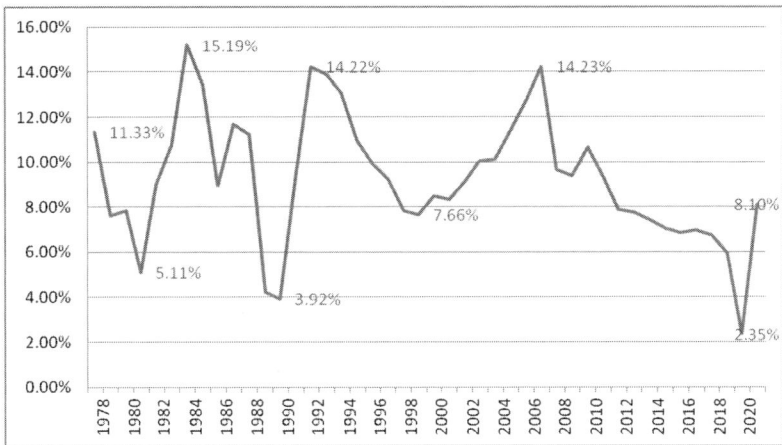

图1-1　1978—2021年中国GDP实际增长率

2. 人均可支配收入

居民收入自然也是一路增长，来看另一个指标——人均可支配收入，这个指标在实际生活中大体可用来代指人均居民可支配收入。居民可支配收入是居民可用于最终消费支出和储蓄的总和，即居民可用于自由支配的收入，既包括现金收入，也包括实物收入。按照收入的来源，可支配收入主要包含四项，分别为工资性收入、经营性净收入、财产性净收入和转移性净收入。一般来说，人均可支配收入与生活水平成正比，即人均可支配收入越高，生活水平越高。

2011—2020年，全国居民人均可支配收入年均实际增长7.2%，10年累计实际增长100.8%，城乡居民收入比2010年翻一番的目标如期实现。2021年，全国居民人均可支配收入为35 128元（见图1-2），其中来源于财产性净收入的部分为3 076元。当然，这个指标一般还可以分为城镇居民人均可支配收入和农村居民人均可支配收入两部分来看，这样一来，2021年城镇居民人均可支配收入为47 412元，农村居民人均可支配收入为18 931元。

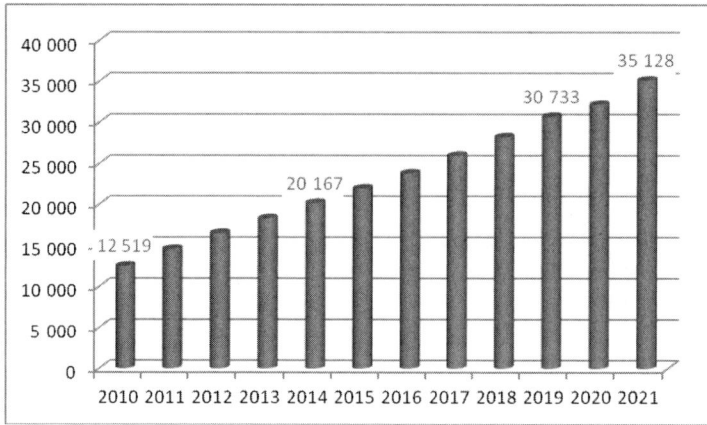

图1-2　2010—2021年中国居民人均可支配收入（人民币元）

在居民可支配收入的构成中，来源于财产性净收入的部分越来越重要，各类理财产品具有突出的收益风险匹配优势，能有效增加居民的财产性净收入。这部分收入占居民可支配收入的比重从2001年的2%左右，逐步增加到2021年的9%左右。可见，理财不仅成为居民增加收入的有效途径，而且也成为鼓励和完善居民收入分配的重要改革方向。理财，可谓利国利民。

据统计，自从2018年4月"资管新规"《关于规范金融机构资产管理业务的指导意见》发布以来，仅就银行理财产品而言，就已累计为投资者创造收益3.61万亿元，其中2021年累计为投资者创造收益近1万亿元。2021年各月度，理财产品加权平均年化收益率最高为3.97%、最低为2.29%，收益率波动相对平稳，为投资者带来了可观的财产性收入。

1.2　存款利率不敌通货膨胀

我国居民的储蓄率一直居于高位。尽管有各种各样的原因，但存款利率低确实是一个不争的事实,指望把钱存在银行里赚一点利息来实现保值、增值是行不通的。我们都知道,10年前的1万元与今天的1万元能买到的东西完全不可同日而语。同样是1万元,购买力会随着通货膨胀的存在而不断下降。通货膨胀的意思就是流通的货币过多,超过经济运行的需求,导致钱不值钱,钱的购买力下降了,相应的物价就上涨了。而要跑赢通货膨胀,让手里的钱不贬值,就成了每个家庭或个人在实现财富不断增长的同时,需要额外关注的一个问题。

我们也不妨从两个指标来看看。

1. 货币发行量

第一个指标是货币发行量。我们主要看广义货币M_2这个指标,简单地说,这个指标是指流通于银行体系之外的现金加上企业存款、居民储蓄存款以及其他存款。这一概念被视为一国经济体总的货币存量,它包括了一切可能成为现实购买力的货币形式,通常反映的是社会总需求变化和未来通货膨胀的压力状态。

仅从近20年我国的实际情况来看,2002年年底广义货币M_2余额是18.5万亿元,到2021年年底则达到238.3万亿元,复合增长率达到14.4%,如图1-3所示。我们感受最明显的除了房价,就是日常的开销了,而这个感受就要看第二个指标了。

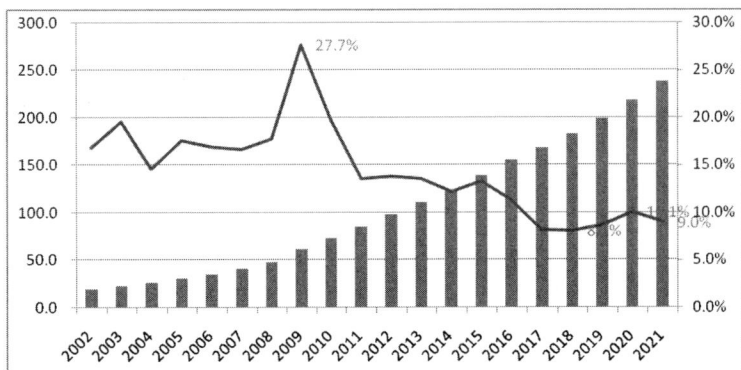

图1-3　中国2002—2021年广义货币M_2余额(万亿元,左轴)及其同比增长率(右轴)

2. 居民消费价格指数

第二个指标是居民消费价格指数（CPI）。顾名思义，这个指数是根据人们日常消费品编制的价格指数，是度量居民生活消费品和服务价格水平随着时间变动的相对数，也就是当前的物价水平相对于过去某个时期上涨（或下降）的幅度。这个指标综合反映居民购买的生活消费品和服务价格水平的变动情况，能准确地展现消费价格的变动趋势和走向。

我国的CPI指数涵盖城乡居民生活消费的食品烟酒、衣着、居住、生活用品及服务、交通通信、教育文化娱乐、医疗保健、其他用品及服务八大类。其中，食品的比重最大。到目前为止，没有更好的统计数据能够替代这个指标，每个月国家都会公布一次。

如图1-4所示，最近20年来年度价格增长不超过6%，平均也不过3%左右，但这是一个均衡了很多日常消费品的价格趋势。如果分开项目来看，比如蔬菜和禽肉类，近几年价格增长明显，有些年份高达10%~40%，而有些项目的价格可能有所下降。当然，如果分月度来看，这个指标的波动幅度要更大一些，因为年度指标把各月指标的高低综合了。

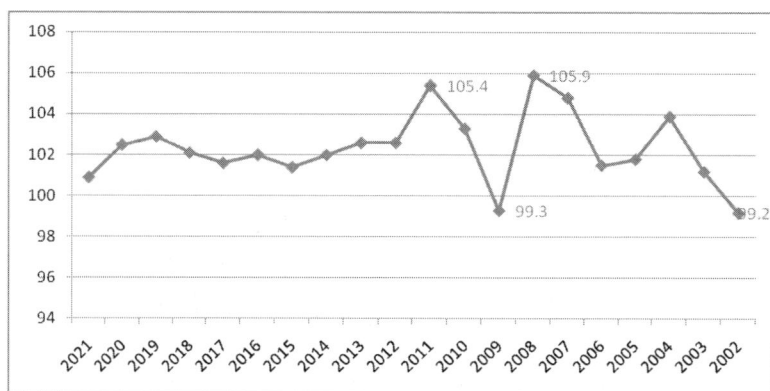

图1-4 2002—2021年居民消费价格指数（上年=100）

总体来看，我们辛苦攒下的钱，如果不能获得超过3%的收益，那么我们在日常生活中将明显感觉到钱越来越少、越来越不够花。当然，如果考虑到每个家庭和个人不同的消费结构偏好，特别是贷款购买房子，要想维持像往常一样的消费水准，大家手中的资金每年至少需要跑赢房贷利率，或者跑赢个别消费品种的价格上涨幅度。保守估计，这一水平需要在5%左右。

1.3　平衡资金实现自由生活

理财是一种金融活动，而金融的本质就是资金的融通，是资金的跨时空调剂。对于个人来说，因为在全生命周期中收入与支出不匹配，收入主要集中在我们参加工作的时间段之内，往往在40岁左右的壮年时期收入达到顶峰；而后特别是退休之后，几乎只有支出或收入大幅减少，而支出相对更多。

如果以时间为横坐标、以收入为纵坐标，那么我们收入的曲线应该是一条抛物线。然而，我们的支出却从出生那一刻持续到生命结束，它在多数情况下也是一条抛物线，只是比收入的抛物线更平缓一些，两条抛物线并不重合。而对于一个家庭而言，还增加了对代际传承以及不同成员的救济功能。这就需要将我们一生中获得的财富在不同的时间段进行交易安排，而平滑资金的手段就是理财，或者说资产与财富管理，如图1-5所示。

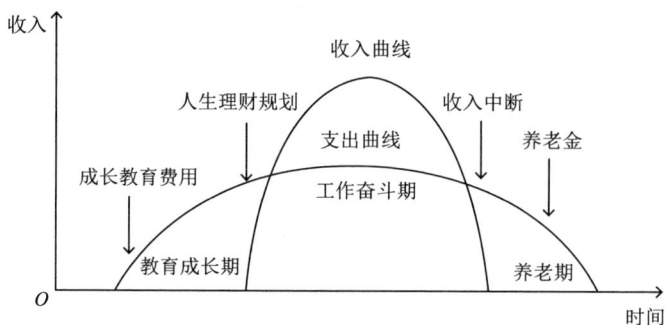

图1-5　人的生命周期与理财规划

有人说，"理财规划如同人生规划"。的确如此，理财规划，理的是钱，规划的是人生。可见，理财本来就是生活的一部分。每个人都需要借助理财做好生活的调剂。从这个意义上来说，理财的目的绝不仅仅就是实现财富的增长和抵御通货膨胀，它首先是财富跨越时空的一种安排。特别是在当今中国正在快步跨入老龄化社会的时候，理财还特别承担着"养老金第二支柱"的职能，具有抵御各种生活风险的功能，是为退休后过上更高质量的老年生活所做的补充准备。因此，每个人都要学会理财，做金钱的主人，从而尽可能地保证自己能过上幸福的生活。

有资料显示，房地产是我国居民资产配置的最主要选项，在居民家庭资产中占比达60%，对比美国则在30%左右。我国居民家庭资产配置于金融资产的比重仅有20%多，而美国的这一比重通常在40%以上。在金融资产的配置中，银行理财、其他资产管理产品、信托计划的占比不足30%，股票、基金等风险较高的资产占比在15%左右。

从整体来看，当前我国居民的财富结构还不够合理，未来势必将迎来调整和转型：一是从储蓄到非储蓄；二是从实物资产到金融资产；三是从单一配置到多元配置。合理预期，随着未来我国居民财富总量的不断提升，其中实物财富的占比会出现下降，金融资产的投资比例会大幅提高，同时养老金财富也会趋于增加。而在金融资产的构成中，目前占比最高的银行存款其未来的比重会下降，而投资于银行理财等较低风险产品的比重会大幅度提升。

小贴士：

理财专业化是财富管理的方向

在生命的长河中，我们需要未雨绸缪，尽最大可能规划好自己的理财、规划好自己的人生。

辛苦打拼积攒下一些财富，我们必须将其不贬值地保留到我们没有收入或收入减少的时期。依目前的通货膨胀水平观察，超过5%的增值速度才能勉强算是保值，才能勉强算是有了财产性净收入。纵观现在所有的理财产品，刚性兑付被彻底打破，投资变成一件不确定的事情。如果想要让投资变得确定，要么支付相应的对价，要么具备强大的专业能力。

对于普通人而言，要实现长期5%的收益就必须依靠资产配置，而资产配置依靠存款显然是达不到这一收益水平的。所以，必须将一部分资产配置到银行理财、股票、基金等上面去。而股票市场的跌宕起伏并不适合普通投资者。随着政策、市场和技术手段的变化，以及机构投资者的逐步壮大，单个股民很难在资本市场上赚到钱，亏损的倒比比皆是。

从理财行为来看，我们以前更多的是自我管理，现在发现自己所做的选择可能并不是最优选择，甚至还是比较差的选择。因为我们可能存在一些知识、经验、技能上的不足，有时候还可能控制不住情绪，或者缺失纪律约束。而一些金融产品的门槛比较高，单个的普通投资者又不具备参与能力。这时候，市场开始普遍转向集中化的专业化管理，个别的还会全权委托管理，甚至还有一些更复杂的类型，比如家族信托。

所以，现在的理财绝不是自己单打独斗，企图自己能战胜市场是几乎不可能的事。现代理财有一个特点，就是将资金委托给专家去打理，让专业机构、专业团队帮我们去理财。所以，理财专业化是财富管理的发展方向。而我们要做的仅仅是选择一个好的机构、好的团队、好的产品。

第 2 章

银行理财的前世今生

　　本书的主题是银行理财，确切地说是银行理财产品的投资问题。那么，首先我们就必须搞清楚什么是银行理财产品。

　　根据2018年9月中国银行保险监督管理委员会（以下简称"银保监会"）发布的《商业银行理财业务监督管理办法》，银行理财产品是指"商业银行按照约定条件和实际投资收益情况向投资者支付收益、不保证本金支付和收益水平的非保本理财产品"。

　　事实上，这是规范后的银行理财产品的定义。在我国银行理财业务发轫之初，所谓的银行理财产品包括的范畴要比这广泛得多，现在被认定为存款的一些产品也被认作为理财产品，一些被禁止销售的刚性兑付的固定收益率的产品也被认作为理财产品。这些"伪理财产品"促进了理财业务的大发展，也带来了一系列风险隐患，最终受到了严肃整顿，并在全新的起点上实现了转型发展，终成今日之模样。

　　本章就银行理财的发展历程进行简要回顾，通过历史演变，更加完整和透彻地理解银行理财的本质和渊源，从而加深对银行理财产品投资的理解。

2.1 扬帆起航（2003—2005年）：从模仿到创新

在经济学中有一个萨伊定律，大概意思可以归结为"供给会自行创造需求"或"生产会自行创造销路"。20世纪90年代，中国的现代金融业市场化经营伊始，如何创造需求成为这些金融机构的迫切任务。彼时，无论是外币还是人民币，存款利率均处于低位，银行在吸收储蓄的压力下，向国外先进的金融机构取经成为必然选择，于是开始依葫芦画瓢，借鉴引入国外银行的结构性存款产品。

1. 结构性存款的模仿引入

直到今天"结构性存款"这个交易结构，仍然在中国的银行业中大行其道，显示出了巨大的生命力。结构性存款貌似复杂，其实非常简单，它采用"存款+期权"的交易结构，核心原理在于引入了一项期权：当你看好某项资产，却不想承担太大风险的时候，可以买入一项期权——由于买入期权需要支付一笔期权费，所以最多亏损这笔期权费而已。而结构性存款的妙处就在于，银行利用你的存款本金的滋生利息支付了期权费，所以，当银行的投资方向错误发生亏损的时候，最多把利息亏掉，而本金安全无虞；而当银行的投资方向正确的时候，却可以额外增加一笔收益，这样银行就可以对结构性存款支付比普通存款利息更高的收益。

多么简单又好用的交易结构。

2002年9月，中国光大银行在国内首次推出了美元结构性存款业务。虽然那时的结构性存款产品并非以"理财产品"的名称出现，但却是中国银行业原始理财产品的发轫。彼时，中国金融市场正处于深刻变化的前夜，利率市场化破题，资本市场和直接融资快速发展，社会财富迅速积累，民众的理财观念逐步形成。

商业银行传统的产品与服务模式不再适应客户的深层次需求，创新由此发端。2003年，中国银行推出了“汇聚宝”外汇理财产品，这是国内第一次使用“理财产品”的名称。

2. 人民币理财产品的创新发端

2004年2月，中国光大银行发行了国内第一款银行外币理财产品“阳光理财A计划”，正式拉开了国内商业银行理财业务的大幕。同年7月，中国光大银行发行了第一只真正意义上、自主研发、自主创新的人民币理财产品“阳光理财B计划”（见图2-1），资金投向于国债、央行票据、政策性金融债等利率债品种，产品到期后按预期收益率向客户进行兑付。由于该理财产品是由银行身兼发起人和托管人两种身份的，所以，从某种意义上讲，该产品的本金和收益也可以看作由银行用自身信誉作为担保和承诺。

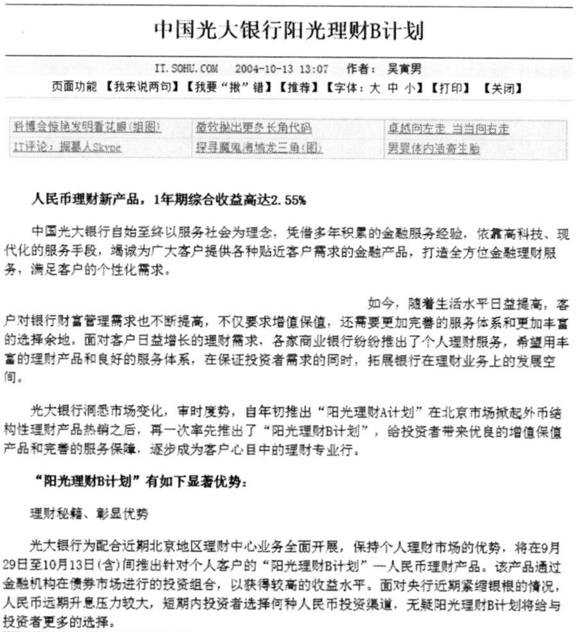

中国光大银行阳光理财B计划

IT.SOHU.COM　2004-10-13 13:07　作者：吴寅男

页面功能 【我来说两句】【我要“揪”错】【推荐】【字体：大 中 小】【打印】 【关闭】

科博会惊艳发明看花眼(组图)	微软抛出更多长角代码	卓越向左走 当当向右走
IT评论：掘墓人Skype	探寻魔鬼海域龙三角(图)	男婴体内活寄生胎

人民币理财新产品，1年期综合收益高达2.55%

中国光大银行自始至终以服务社会为理念，凭借多年积累的金融服务经验，依靠高科技、现代化的服务手段，竭诚为广大客户提供各种贴近客户需求的金融产品，打造全方位金融理财服务，满足客户的个性化需求。

如今，随着生活水平日益提高，客户对银行财富管理需求也不断提高，不仅要求增值保值，还需要更加完善的服务体系和更加丰富的选择余地。面对客户日益增长的理财需求，各家商业银行纷纷推出了个人理财服务，希望用丰富的理财产品和良好的服务体系，在保证投资者需求的同时，拓展银行在理财业务上的发展空间。

光大银行洞悉市场变化，审时度势，自年初推出“阳光理财A计划”在北京市场掀起外币结构性理财产品热销之后，再一次率先推出了“阳光理财B计划”，给投资者带来优良的增值保值产品和完善的服务保障，逐步成为客户心目中的理财专业行。

“阳光理财B计划”有如下显著优势：

理财秘籍、彰显优势

光大银行为配合近期北京地区理财中心业务全面开展，保持个人理财市场的优势，将在9月29日至10月13日(含)间推出针对个人客户的“阳光理财B计划”—人民币理财产品。该产品通过金融机构在债券市场进行的投资组合，以获得较高的收益水平。面对央行近期紧缩银根的情况，人民币远期升息压力较大，短期内投资者选择何种人民币投资渠道，无疑阳光理财B计划将给与投资者更多的选择。

图2-1　第一只人民币理财产品发行的新闻报道

该理财产品的真正优势在于，银行利用自身的机构渠道可以拿到高于存款利率的债券，给予投资者的利率不仅是比较确定的，而且由于有银行的信用背书，理财对于投资者而言意味着低风险。这样，从一开始就奠定和形成了银行理财文化基因——刚性兑付。

2004年，外资银行正在按照WTO开放时间表进入中国，同时中国人民银行放开了存款利率下限和贷款利率上限，扑面而来的利率市场化改革让中国的银行业感受到了空前的压力。彼时，国有大行仍处在垄断性质态势之中，尽管他们都在努力与不良贷款的历史包袱做"斗争"，而股份制银行在本不占优的情况下，创新意识更加强烈，哪怕理财产品会分流银行自身部分存款、提高负债成本，于是领先于国有大行进行了理财产品的发行探索。随着先行者的获益示范，各家银行陆续跟进，纷纷推出了各种类型的理财产品，发售理财产品的银行数量从2004年的14家，迅速增加到2005年的28家。

2005年9月，为了配套和规范理财业务的发展，中国银行业监督管理委员会（以下简称"银监会"）发布了《商业银行个人理财业务管理暂行办法》和《商业银行个人理财业务风险管理指引》，为银行业开展理财业务初步提供了监管制度框架和政策依据。

根据规定，按照客户获取收益方式的不同，理财计划可以分为保证收益理财计划和非保证收益理财计划。其中，保证收益理财计划即指保本保收益产品，而非保证收益理财计划则包括保本浮动收益和不保本两种类型的理财产品。

依今天的观点看待，上述制度规范并不完善，但毕竟有了合法展业的依据。

2.2 迅猛发展（2006—2017年）：影子银行、非标准化债权类资产、银行委外业务

在2006年之前，国内理财产品的主要投向为固定收益类资产，投资对象主要是央行票据和政策性金融债等。从2006年开始，中国证券监督管理委员会（以下简称"证监会"）推出股权分置改革，中国资本市场迎来了自1991年以来最大规模的一次牛市行情，上证综指从1 163点升至2 675点，全年累计上涨130%。同时，全球化的资产配置需求增强，国内信贷市场需求旺盛。因此，银信合作开始出现，理财资金开始了多元化投资——境外市场、信贷资产市场和股票市场，由此也推动银行理财产品经历了一个高速发展的阶段。

2.3 艰难转型（2018—2021年）：资管新规与理财新规

我国金融机构资产管理业务（以下简称"资管业务"）的快速发展，在满足居民财富管理需求、优化社会融资结构等方面发挥了积极作用。但由于同类资管业务的监管规则和标准不一致，导致监管套利活动频繁，一些产品多层嵌套，风险底数不清，资金池模式蕴含流动性风险，部分产品成为信贷出表的渠道，刚性兑付普遍，在正规金融体系之外形成了监管不足的"影子银行"，在一定程度上干扰了宏观调控，提高了社会融资成本，影响了金融服务实体经济的质效，加剧了风险的跨行业、跨市场传递。如果这些风险不能得到有效的监控，势必会引发更深层次的系统性金融风险。因此，一套更完整、更全面、更规范的监管文件呼之欲出，

对资产管理行业市场进行合理引导。

1. 资管新规

2018年4月27日，中国人民银行、银保监会、证监会和国家外汇管理局联合印发了《关于规范金融机构资产管理业务的指导意见》，即"资管新规"，拉开了资产管理领域改革的序幕。

"资管新规"旨在推动同类资产管理产品统一标准，建立健全产品发行、销售管理、投资运作、风险控制等方面的制度规则，有效保护投资者的合法权益。"资管新规"的内容很多，最大的影响莫过于以下四个要点或核心举措。

一是破刚兑。新规明确指出，资产管理业务是金融机构的表外业务，金融机构开展资产管理业务不得承诺保本、保收益。当出现兑付困难时，金融机构不得以任何形式垫资兑付。新规严禁任何形式的保本、保收益和隐性担保。打破刚性兑付的核心是资产净值化管理。

二是去通道。新规要求，金融机构不得为其他金融机构的资产管理产品提供规避投资范围、杠杆约束等监管要求的通道服务。资产管理产品仅允许嵌套一层，投资公募基金的可嵌套两层（公募基金为其中一层）。允许一层嵌套，即在银行、信托、券商、基金和私募之间仅可有一次委托投资行为。

三是降杠杆。新规分别从负债杠杆和分级杠杆两个维度入手，约束资产管理产品的加杠杆行为。每只开放式公募产品和每只分级私募产品，其总资产不得超过该产品净资产的140%；每只封闭式公募产品和每只私募产品，其总资产不得超过该产品净资产的200%。金融机构不得以受托管理的资产管理产品份额进行质押融资，放大杠杆。公募产品和开放式私募产品不得进行份额分级，分级私募产品应当根据所投资资产的风险程度设定分级比例。

四是破资金池。①落实"三单要求",即金融机构应当做到每只资产管理产品的资金单独管理、单独建账、单独核算。②禁止期限错配,即要求金融机构强化资产管理产品久期管理,封闭式资产管理产品期限不得低于90天。资产管理产品直接或间接投资非标债权资产的,非标债权的终止日不得晚于封闭式资产管理产品的到期日,或开放式资产管理产品的最近一次开放日。③独立托管。资产管理产品资产应当由具有托管资质的第三方机构独立托管。在过渡期内,具有托管资质的商业银行可以托管本行理财产品,但应当为每只产品单独开立托管账户,确保资产隔离。

"资管新规"坚持积极、稳妥、审慎推进,防范风险与有序规范相结合,充分考虑市场承受能力,合理设置过渡期,加强市场沟通,有效引导市场预期。新规要求存量不合格的老产品在2020年年底之前整改完毕,后又延长过渡期至2021年年底。

2. 理财新规

2018年9月26日,作为"资管新规"的配套实施细则——《商业银行理财业务监督管理办法》发布实施,即"理财新规"。这两个文件充分衔接,共同构成了银行开展理财业务需要遵循的监管要求。

"理财新规"的主要内容包括:严格区分公募和私募理财产品,加强投资者适当性管理;规范产品运作,实行净值化管理;规范资金池运作,防范"影子银行"风险;去除通道,强化穿透管理;设定限额,控制集中度风险;加强流动性风险管控,控制杠杆水平;加强理财投资合作机构管理,强化信息披露,保护投资者合法权益;实行产品集中登记,加强理财产品合规性管理等。

在过渡期安排方面,"理财新规"与"资管新规"保持一致,对于存量理财产品,商业银行可以发行老产品对接未到期资产,在严格控制存量产品整体规模的基础上,有序压缩存量规模。在过渡期结束后,对于因特殊原因难以回表的存量非标准化债权类资产,以及未到期的存量股权类资产,经报监管部门同意,商业银行可以采取适当安排妥善处理。

"理财新规"对理财产品投资的重要影响主要体现在五大方面。

一是遵循风险匹配原则。延续此前的理财监管要求,规定银行应对理财产品进行风险评级,对投资者的风险承受能力进行评估,并根据风险匹配原则,向投资者销售风险等级等于或低于其风险承受能力等级的理财产品。

二是设定单只理财产品的销售起点。将单只公募理财产品的销售起点由此前的5万元降至1万元;单只私募理财产品的销售起点与"资管新规"保持一致。

三是允许公募理财通过公募基金投资股市,允许私募理财产品直接投资股票。在理财业务仍由银行内设部门开展的情况下,允许公募理财产品通过投资各类公募基金间接进入股市,理财产品投资公募证券投资基金可以不再穿透至底层资产。

四是个人首次购买需进行面签。延续此前的监管要求,当个人首次购买理财产品时,应在银行网点进行风险承受能力评估和面签。

五是引入投资冷静期。对于私募理财产品,银行应当在销售文件中约定不少于24小时的投资冷静期。在投资冷静期内,如果投资者改变决定,那么银行应当遵从投资者意愿,解除已签订的销售文件,并及时退还投资者的全部投资款项。

3. 转型阵痛

随着"资管新规"和"理财新股"的出台,2018年被称为"资管元年"。银行理财业务受到短暂不利影响,经历了短期转型阵痛。在过渡期内,各家银行积极压降老产品,通过回表、新产品承接等形式,加快存量资产处置,合规新产品占比持续升高。保本理财、同业理财规模与占比持续"双降",净值型理财产品存续规模及占比持续增长。

2018年年底,非保本理财产品存续余额为22.04万亿元,净值型产品占比为27.16%。2019年年底,非保本理财产品存续余额为23.40万亿元,净值型产品占比为45.22%。2020年年底,非保本理财产品存续余额为25.86万亿元,净值型产品占比为67.28%。同业理财产品规模存续0.39万亿元,占全部理财产品的比例不足2%。理财产品通过各类资产管理产品嵌套投资规模为8.93亿元,较"资管新规"发布前减少25.71%。

截至2021年年底,在四年过渡期结束之时,在"资管新规"确立的主动化、净值化的监管导向下,银行理财业务过渡期整改任务基本完成,整体符合预期。

一是保本理财产品实现清零。银行理财市场规模恢复至29万亿元,均为非保本理财产品,保本理财产品规模已由"资管新规"发布时的4万亿元压降至零,基本完成银行理财业务的过渡期整改任务。

二是净值型产品比例大幅增加。净值型理财产品余额为26.96万亿元,占比为92.97%,较"资管新规"发布前增加23.89万亿元,产品净值化转型进程显著。

三是同业理财和多层嵌套大幅减少。同业理财降至541亿元,较"资管新规"发布前下降97.52%。

四是存量整改基本完成。绝大部分银行如期完成理财存量整改计划,为银行理财业务健康发展奠定了坚实的基础。

同时,银行理财产品的投资门槛大幅降低,产品种类不断丰富,覆盖投资者数量持续增长,持有理财产品的投资者数量达到8 130万个,个人投资者是理财市场的绝对主力,占比高达99.23%,居民的财富管理需求进一步得到满足。

2.4　全新开始（2022年之后）：不保本、净值化

经过四年的过渡期整改，除了个别银行的个别理财项目存在特殊原因，难以回表或处置，少数理财产品未完成净值化转型外，从2022年起，我国银行理财产品都是规范的非保本浮动收益型净值化产品。这是投资者必须清楚认识到的。

注意：在2022年之后，所有的银行理财产品都是不保本的，都是净值型理财产品。

1. 所有产品不保本

简单来说，所谓不保本，就是银行理财产品都是非保本浮动收益型产品，既不保证本金，也不保证收益。因此，严格意义上的银行理财产品，也是本书所称的银行理财产品，就是本章开篇我们讲过的，是商业银行按照约定条件和实际投资收益情况向投资者支付收益、不保证本金支付和收益水平的非保本理财产品。这是"理财新规"规定的银行理财产品的定义，除此之外的所谓银行理财产品，都不是合法合规的银行理财产品。

大家一定要牢记，在2022年之后，所有的银行理财产品再无保本一说，买者自负风险。

其实，以前市场上热卖的理财产品也有相当一部分是不保障本金且不保障收益的，但投资者一般会默认预期收益的最终实现。与此同时，在实际操作中，金融机构出于增加客户黏性和维护自身声誉的考虑，往往在产品亏损或不能兑付时，按照既定的预期收益率兑付收益。这背离了资产管理业务的本质特征，不但使风险在金融体系累积，还加剧了道德风险。当市场收益率整体上行的时候，预期收

益率只能锁定固定收益，这就产生了机会成本，多出来的收益都被理财产品发行人拿走了；当市场收益率整体下行的时候，如果还是以预期收益率给投资者兑付，则将迫使理财产品发行人追寻更高的风险资产，其风险不言而喻。

所以，现在监管和政策层面都对银行理财产品进行了严格规范，严格打破"刚性兑付"，当出现兑付困难时，金融机构不得以任何形式垫资兑付，让银行理财产品回归到"受人之托，代人理财"的本质属性。

2. 所有产品净值化

所谓净值化，是指银行理财产品在发行时不再明确预期收益率，在存续期内定期或不定期披露单位份额净值，投资者根据产品运作情况享受到期或赎回收益（或亏损）。因为理财资金会投向不同的资产，而这些资产的市场价格是实时变动的，理财产品的价格或收益必须实时反映这些变动。

这也是"资管新规"和"理财新规"的规定。监管明确要求，除部分少数情形可使用摊余成本法外，"金融资产坚持公允价值计量原则，鼓励使用市值计量"。因此，理财产品将按照持仓资产的市场公允价值计算，而公允价值发生变动部分则应计入当期（日）损益中。

在2022年之后，所有的银行理财产品都将实行净值化管理，净值随着市场环境的变化而波动，会成为银行理财产品的"常态"，从而真实、客观地反映投资标的资产的收益和风险。在这种情况下，以后理财产品出现"破净"（破净资产）的情形就会多起来。

举一个例子来说明：假设投资者购买银行理财产品的初始单位份额净值为1元，当这个投资组合发生盈利或者亏损的时候，产品的净值就会发生改变。如果产品整体资产价值上升10%，那么单位份额净值就是1.1元；如果整体价格亏损

5%，那么整个产品的单位份额净值就是0.95元。在投资者持有理财产品期间，理财产品的净值都会不断变动，所以理财产品的价值或价格都是浮动的，也就无法保本、保收益。

在此意义上，所谓不保本是银行理财产品资产管理属性的内核，净值化则是产品价值或价格的表现形式，二者是统一的。可以说，银行理财产品既是非保本浮动收益型产品，也是净值型产品。

最后，提示一下：不同于之前的预期收益率，净值化的理财产品的收益与年化收益率如何计算呢？

净值型理财产品按照"金额申购、份额赎回"的原则来计算收益。简单而言，申购、赎回的相关计算公式如下：

申购份数＝申购金额÷对应确认日公布的单位净值

赎回金额＝赎回份数×对应确认日公布的单位净值

比如，在产品开放期申购，本金为200万元并确认成功，若开放日产品的净值为1.041 2元/份，那么持有的理财产品份额为200万元÷1.041 2元/份＝1 920 860.55（份）。当这款产品在6个月（持有期182天）后的开放日的净值涨到1.062 2元/份时，若要赎回，假设赎回费率为0，那么，赎回总金额为1 920 860.55份×1.062 2元/份＝2 040 338.08（元），赎回总金额减去本金200万元，收益为40 338.08元。

若需换作年化收益率，则计算公式为：

产品年化收益率＝(赎回日净值−申购日净值)÷申购日净值×365÷实际持有天数×100%

或者：

产品年化收益率=产品收益÷投资本金×365÷实际持有天数×100%

接前例：

产品年化收益率=(赎回日净值−申购日净值)÷申购日净值×365÷实际持有天数×100%

$$=(1.062\ 2-1.041\ 2)÷1.041\ 2×365÷182×100\%$$

$$=4.04\%$$

或者：

产品年化收益率=产品收益÷投资本金×365÷实际持有天数×100%

$$=40\ 338.08÷2\ 000\ 000×365÷182×100\%$$

$$=4.04\%$$

3. 理财产品的"未来简史"

2022年之后，在所有的银行理财产品都回归到资产管理行业的本源之后，接下来的发展，从供给侧来说，就是理财产品日益提升专业化水平，不仅是设计发行和投资管理的专业化，也包括销售服务的专业化，各种大数据和人工智能等科技手段将不断用于客户需求挖掘和服务体验上；从需求侧出发，投资者将高度依赖定制化的理财产品，以满足自身鲜明的个性化需求，不仅是单纯理财产品的购买，更需要对整套资产配置方案的采购。伴随着这一进程，银行理财市场终将呈现出百花齐放、百家争鸣的竞合场景。

小贴士：

理财子公司与代销

2018年12月2日，中国银保监会发布《商业银行理财子公司管理办法》，作为"理财新规"的配套制度，同时构成理财子公司开展理财业务需要遵循的监管要求。

考虑到"理财新规"适用于银行尚未通过子公司开展理财业务的情形，《商业银行理财子公司管理办法》对"理财新规"的部分规定进行了适当调整，使理财子公司的监管标准与其他资产管理机构的监管标准总体保持一致。

重点内容包括：一是允许理财子公司发行的公募理财产品直接投资股票，同时理财子公司不设置理财产品销售起点，即1元可起售；二是理财子公司发行的理财产品可以通过银行业金融机构代销，也可以通过银保监会认可的其他机构代销，并遵守关于营业场所专区销售和录音录像、投资者风险承受能力评估、风险匹配原则、信息披露等规定，不强制要求个人投资者首次购买理财产品进行面签；三是在非标债权投资限额管理方面，仅要求非标债权类资产投资余额不得超过理财产品净资产的35%；四是允许理财子公司发行分级理财产品。

商业银行通过子公司展业后，银行自身不再开展理财业务（继续处置存量理财产品的除外）。截至2021年年末，已有22家理财子公司获批开业，"洁净起步"的理财公司产品存续规模占全市场的比例近六成，理财市场已呈现出以理财公司为主、以银行机构为辅的格局。

因为理财子公司是银行的子公司，所以，本书在述及理财产品时，若无特指，为了便于表达，仍统称为银行理财产品。同时，不管是银行还是理财子公司，在述及理财产品的发行人或管理人时，也经常统称为银行。

第 3 章

投资银行理财产品有哪些优点

传统上，或者之前的银行理财产品，给人的印象就是无风险或低风险，保本、保收益，因此吸引了大量低风险偏好的投资者。现在新规下的银行理财产品已经成为非保本浮动收益型的净值化产品，价格实时波动，而波动就是风险。特别是在2022年一季度，随着股市的大幅下跌，加之债市的震荡，银行理财有3 000款左右的产品市值降至1元以下。银行理财产品较大面积的亏损一时引起了社会的广泛关注。

那么，银行理财产品还是不是一个好的投资工具？相比其他常见的、有类比性质的投资产品，如基金、信托、保险等，银行理财产品具有哪些优点或优势呢？本章我们就来回答这个问题，坚定大家投资银行理财产品的信心。

3.1　投资要兼顾"三性"的基本原则

任何投资,包括投资银行理财产品,首先必须坚持"三性"原则,实现"三性"的兼顾和平衡。所谓"三性",即安全性、收益性、流动性。对于任何投资来说,这三个要素都是非常重要、不可忽视的,而且这三个要素之间是相互制约、相互影响的。

1. 安全性

美国纽约里萨兹财富管理公司的本·卡尔森(Ben Carlson)在《投资者的心灵修炼》一书中提及:"在投资问题上,知道如何不亏钱比知道如何赚钱更重要。这就是金融风险管理的重要性所在。"而巴菲特则直接忠告投资者:"投资的第一条规则是不亏损,投资的第二条规则是谨记第一条规则。"由此可见,安全性是多么重要。因为任何投资都有风险,所以安全性是我们在投资时首先要考虑的。这个投资项目或产品有什么风险?本金会不会亏损?我能接受多大的亏损?这些问题都是在投资之前需要我们考虑的。

如果我们只看到投资的潜在收益而忽略风险,很可能就会被所谓的高收益迷惑,而让自己遭受投资的损失。当然,我们也不用过于因畏惧风险而畏首畏尾,不敢投资。若因为担心风险而把自己大部分的资金都存放在银行储蓄上,从表面上看是安全的,但其实收益率太低,根本跑不赢通货膨胀,无异于在放任资产贬值缩水。

不同的投资者对风险的偏好是不同的,对风险的敏感度和承受能力也是不一样的。因此,我们在做投资决策时,一定要挑选与自己风险偏好相匹配的产品,承担自己可以承受的风险，获取自己合理预期的收益。

2. 收益性

一般来说，收益性是大家在投资理财时最关注的问题。这项投资能给我带来多少回报？投资收益率有多少？若没有比较满意的回报，谁还会去投资呢？宁可将存款放在银行里。

当然，要注意的是，千万别以为收益越高越好。高收益、高风险，这应该是一句大家耳熟能详的话语。确切地说应该是，高收益一般源自高风险。因为我们在追求收益最大化的同时，一定会牺牲资产的安全性，面临高风险。我们也经常说高风险、高收益，这是从长期来看平均而言的一般规律，即风险较高的投资可能会带来更高的回报，这里的关键词是"长期"和"平均而言"（大概率）；而在短期内，高风险的投资更有可能带来较低的回报并遭受更多的损失。

所以，投资不能太贪，高风险的产品不一定适合每个人。投资者追求的应该是与自身的风险承受能力相匹配的收益率，是符合投资者实际理财目标的合理的预期收益率。

3. 流动性

一般而言，一项资产若能在短时间内以接近市场价值的价格变为现金，就认为它具有很好的流动性。对于这个概念，普通投资者可能不太熟悉，但在实际投资中都能有所体会。例如，股票、基金的流动性就很好，可以随时卖出；而房子和定期存款的流动性就比较差，想要在短时间内卖出，就要付出一定的代价（比如降价、损失利息等），才能实现其价值。

从流动性的本意出发，需要大家考虑两个层面的因素，也就是卖出资产的金额大小和时间快慢,而不是仅仅考虑卖出时间的快慢。这两个因素需要综合考量,再挑选与自己理财目标更匹配的理财产品。

举个例子,有些投资产品,比如房产,虽然资产价值很高,但是不一定能很快找到买家交易,成交时间周期较长,流动性不高。但是,如果将价格降到极低,也能非常快速地将其卖掉,但这快速的处置是以较大的损失为前提的,所以也不能认为它具有较好的流动性。

投资都有期限,有时候资金"撒手不由人",万一需要临时调回资金,没有流动性就会很被动。

4. 投资的"不可能三角"

从以上投资的"三性"原则出发,在进行投资时,我们自然要追求"三性"齐备。

遗憾的是,虽然任何投资产品,包括银行理财产品,都兼具不同的安全性、收益性和流动性,且各有长短,但是"三性"却很难同时满足。这也就是投资领域常说的单项投资"不可能三角",如图3-1所示。

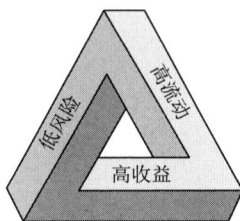

图3-1 投资的"不可能三角"

通常而言,一项投资既安全,收益还高,那流动性就差;一项投资既安全,流动性又强,那收益就很低;一项投资不仅收益高,而且流动性强,但安全性难以保证，要随时做好可能亏本的准备。

极端一点来说，收益高、又安全、流动性还好的完美投资产品是否存在呢？理论上是有可能出现的，但经济规律不会让它长久存在。这类资产一旦出现，所有资金都会疯狂涌入，导致价格迅速上升，使得收益率又回归平庸。投资的"不可能三角"并不否认完美投资机会的存在，只不过这种机会稍纵即逝，就像夜空里的流星一样一闪而过，常人很难把握，所以我们也就不必去奢想了。

但是，想想还是可以的，完美错过也是有的。比如2014年1月2日，天弘余额宝货币基金的7日年化收益率达到历史峰值6.76%，超过许多定期产品的收益率，成为收益高、又安全、流动性还好的完美投资产品。但好景不长，达到峰值后收益率就开始一路下行，直到现在已经降到2%左右了，如图3-2所示。所以，完美的投资产品是不可能长期存在的。

7日年化收益率

| 选择时间 | 1月 | 3月 | 6月 | 1年 | 3年 | 5年 | 今年来 | 最大 |

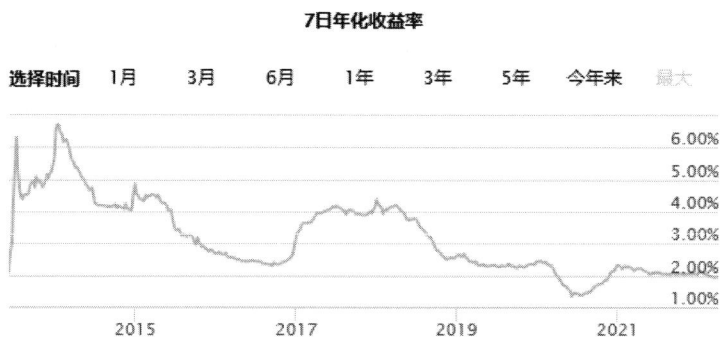

图3-2　天弘余额宝货币基金的7日年化收益率走势图

最后，我们简单地做一个总结。在投资理财的目标当中，安全性、收益性、流动性"三性"全占并不靠谱，所谓鱼和熊掌不可兼得，投资就是寻找流动性、收益性和安全性之间的平衡。三性中只占一性的价值低，要在能占两性的投资产品中筛选适合自己的投资标的，同时确保另一性在可接受范围内即可；或者一性得到满足，另外两性都可接受，这样的投资策略也不错。这样，基本上算是实现了"三性平衡"。当然，想要真正实现投资理财的"三性平衡"，最好的办法就是进行资产配置，通过组合投资的方式，突破单项投资的"不可能三角"约束，以实现"三性"的较为圆满的平衡，最终实现我们的理财目标。

3.2 银行理财产品的特点和相对优势

具体到银行理财产品，相比其他投资产品，比如公募基金、信托计划、保险产品等，有哪些特点和优势？特别是从普通投资者的角度来看，为什么要投资银行理财产品呢？

这就要回到投资的"三性"原则上去评判了。

1. 比公募基金安全性更好

就公募基金而言，一般来说，其流动性强、收益高，但安全性差。与银行理财产品相比，从投资性质、销售起点、销售渠道来看，几乎没有差别。在税收优惠方面，公募基金通过买卖、转让股票、债券等实现的价差收入可以免缴3%的增值税，而银行理财产品不享受增值税税收优惠，这一点会影响一定的收益率水平。但两者相比，更为重要是在投资范围方面，公募基金只能投资上市交易的股票、债券，以及证券监督管理机构规定的其他证券及其衍生品种。

从公募基金投资的负面清单来看，公募基金不能投资非上市公司股权，不能投资非标债权。相反，银行理财产品的资金投资范围相对更加广泛，除了国债、利率债、现金及银行存款、股票等标准化产品外，非标债权、商品类及其衍生品、非上市公司股权、另类资产都可以投资。银行理财产品多了资金运用渠道，可以更加从容地摆布资产，在风险可控的条件下可能获取相对更高的稳健收益。相对于公募基金在二级市场上的券种选择及操作能力方面的领先优势，银行理财产品的天生优势主要集中于非标领域和债券领域。

2. 比信托产品流动性和安全性更好

就信托产品而言，一般来说，其收益高，但安全性和流动性较弱。从募集方式来看，现在的信托明确定位为私募资产管理业务，面向合格投资者非公开募集资金，且合格投资者人数不超过200人，打破了以往合格投资者投资金额300万元以上、可以不限制人数的规定，这也是"资管新规"拉平监管口径的体现。

这里所说的合格投资者应当符合"资管新规"的规定，对于社会大众个人投资者而言，就是要具有两年以上投资经历，且满足家庭金融净资产不低于300万元人民币，或者家庭金融资产不低于500万元人民币，或者近三年本人年均收入不低于40万元人民币的要求。任何单位和个人不得以拆分信托份额或者转让份额受益权等方式，变相突破合格投资者标准或者人数限制。

另外，信托计划通常募集规模比较小，发行的产品数量比较少，也会给投资者在把握投资时机和安排待购资金方面带来不便。相反，银行理财产品可以分为公募理财产品和私募理财产品两类，其中私募理财产品也按照合格投资者人数不超过200人进行限制；而公募理财主要向不特定的社会公众公开发行理财产品，没有投资人数的限制，且各家银行的理财产品琳琅满目，更适合普通大众投资。

3. 比保险产品流动性和收益性更好

就保险产品而言，一般说来，其安全性好，但收益一般、流动性不强。在资金运用方面，保险产品更注重安全性和稳健性。一些保险产品兼具人身保险和投资理财双重功能，如分红险、年金险、万能险、投连险等。虽然不同的保险产品对于保障功能的侧重点不同，但其在本质上都属于保险产品，本质是风险保障，所以不能专注于理财。若单论理财功能，保险产品的买入价格相对较高，收益并不显著。而且保险产品通常不仅缴费年限长、投资期限长，而且一般不能提前退保，即使退保，成本与费用也较高，特别是前期退保，往往会带来较大的投入本金损失。

另外，保险条款往往带有较多的不承担保险责任的例外条款，且产品多设置有投资条件，如对年龄、身体状况等的限定。虽然保险公司为了满足（或者说迎合）客户的投资需求，在保险的保障基础功能之上增加了很多投资属性，让投保人对保险的增值功能有了过多的期待，既希望获得高额的保障，又希望获得较高的收益，这显然是不现实的。保险行业的特性决定了其发展的基调一定是稳健的，也决定了保险资金的投资风格一定是偏保守的。所以，和常见的理财工具相比，我们应该弱化保险产品的投资增值功能，要更多关注保险的保障功能和法律属性，树立正确的保险观。

目前，保险资产管理产品也面向个人投资者开放，允许保险资产管理产品面向个人合格投资者发行。此举虽然拓宽了保险资产管理产品的客户端，高净值人群也可以认购配置优秀的保险资产管理产品，但保险资产管理产品本身表现出长期化、杠杆率低、波动性低等特点，对投资者的资金流动性带来较大的制约。而且保险资产管理产品的定位为私募产品，从销售起点来看，保险资产管理产品遵循"资管新规"对私募产品的销售规定，合格投资者投资于单只固定收益类产品的金额不低于30万元人民币，投资于单只混合类产品的金额不低于40万元人民币，投资于单只权益类产品、单只商品及金融衍生品类产品的金额不低于100万元人民币。但是，保险资产管理产品投资于非标准化债权类资产的，接受单个合格投资者委托资金的金额不低于100万元人民币。反观银行理财产品，除了私募理财产品遵循一样的规定，对于更多的公募理财产品，原则上单个投资者只需1元人民币即可投资，投资门槛较低。

4. 银行理财产品的独特优势

与其他理财产品相比，银行理财产品可以说是在安全性、流动性和收益性方面平衡得最好的理财产品。特别是银行理财具有"大众理财"的属性，相对更加"亲民"。除了上述特点外，银行还具有其他投资机构或产品不具备的巨大优势，吸引了广大投资者积极、广泛地参与。

一是银行扎根当地，属地优势明显，熟悉区域金融市场，客户基础雄厚，对客户的理解相对更加深刻，因此可以设计出更多的专属产品，更契合当地投资者需求，针对性更强。银行可以找准契合本行经营特点的客群定位，开发业务特点更加清晰的理财产品。例如，可以开发助农特色产品，满足不同经营形式下资金周期的流动性需求。又如，信用社、农村商业银行深耕当地，在当地信任度高，客户黏性大，在理财产品向非保本净值化转型的过程中，可以更方便地对风险偏好较为稳健、对于传统产品较为青睐的大龄客户进行转化。

二是银行具有其他理财产品不具备的渠道优势和品牌优势。"渠道为王"是零售银行业务亘古不变的基本法则。银行渠道广、网点多、人员多，完全可以加强线上、线下服务，并对潜在客群进一步细分，充分挖掘客户全资产配置需求。在其他理财产品也需要银行代销的情形下，无疑依靠银行自家渠道，可以挤压其他理财产品的销售空间，从而巩固自己的竞争优势。再者，信托和保险资产管理产品都属于私募性质，销售对象范围狭窄，远不如银行理财产品既可面向合格投资者，又更多地针对不特定社会公众，投资者范围更加广泛。换句话说，普通投资者在银行理财产品的选择上更加多样。

三是银行具有投资非标资产的优势。与公募基金相比，银行理财产品可以投资非标资产。即使是同样可以投资非标资产的信托和保险产品，其客户和资产的储备与腾挪空间与银行强大的信贷客户基础相比，都不在一个级别。更不用说还有银行的风控审批部门会对债权投资实行部分筛选和约束，如投资某些特定类型的债权需要占用企业授信，此举可以让银行理财产品以较低风险获取较高收益。这在不保本的产品规范下具有重要的价值。

四是银行具有更大的资金实力。虽然理财产品回归了"受人之托，代人理财"的本质属性，但理财产品的投资风险无处不在，有些风险需要产品发行人承担责任。从这个意义上讲，银行的资金实力更大，按照"深口袋"理论，在出现风险的情况下，在个别情形中，投资者通过诉讼或其他途径，相对更加容易从银行获得补偿。

银行理财产品表现出来的以上各方面相对优势，使得银行理财产品始终是大多数投资者的最优选择。事实上，放眼望去，在全球最大的资产管理机构中，银行系资产管理机构占比最高，是最重要的组成部分。这也从侧面说明了更多的投资者选择了银行理财产品。

3.3 不保本不代表不安全

虽然银行理财产品不保本了，但不一定就代表不安全。本来所谓的安全性也是指大概率的安全，而不是绝对的安全。我们知道，即使银行存款也做不到百分之百的安全。

1. 低等级产品很安全

就银行理财产品而言，绝大多数产品都是"固收+"产品。统计显示，截至2021年年底，固定收益类产品的存续余额为26.78万亿元，占比达到92.34%；混合类产品的存续余额为2.14万亿元，占比为7.38%；权益类产品的存续余额为809亿元，占比为0.28%；而商品及金融衍生品类产品规模仅为18亿元，占比可以忽略不计。从资产投向来看，理财产品的资产配置以固定收益类为主，投向安全性极高的现金与同业类资产的比例约为30%，投向安全性较高或高的债权、债券类资产的比例超过60%（其中还包括5.81%安全性极高的利率债），投向其他较高风险或高风险资产的比例不足10%。这些产品设计和投资安排都在相当程度上保证了理财资金的安全性。

银行理财产品的安全性还直接从产品风险评级上可以得到反映：截至2021年年底，风险等级为二级（中低）及以下的理财产品规模为24.06万亿元，占比为82.97%；而风险等级为四级（中高）和五级（高）的理财产品规模仅为0.11万亿元，占比为0.37%。另外，从收益来看，2021年12月，理财产品的加权平均年化收益率为3.55%，高出10年期国债收益率72个BP。2021年各月度，理财产品的加权平均年化收益率最高为3.97%、最低为2.29%，收益率波动相对稳健。

从实际市场反应来看，比如，在2022年一季度"破净"的银行理财产品中，固定收益类产品的比例很低，大约为5%；而混合类和权益类"破净"的比例高达四成；商品及金融衍生品类产品由于本来就存续数量少，"破净"的仅有四款。从风险级别来看，一级产品"破净"率为0，二级产品发生"破净"的概率也仅有4%左右，且回撤幅度不大。从总体来看，银行理财产品，特别是占绝大多数的风险评级为一级和二级的固定收益类产品，表现可以说非常稳定，短期的市场波动对理财产品的最终收益不会产生过多影响，应该说总体上安全无虞。

2. 保本策略很有效

除了在产品设计和资产配置方面追求安全、稳健外，在具体的投资过程中，银行理财产品还广泛采取了保本策略进行操作，从而助力实现不保本理财的大概率保本效果。简而言之，保本策略的原理如下：

保本策略＝"1"（本金）＋"X"（利息再投资）

其中，"1"是指保本保息，通过对同业资产和高等级债券的投资，获取安全、稳健的利息收入，然后将利息再投资到权益类等高风险、高收益资产上。之所以称之为"X"，表明再投资的类型和方式可以有无数种可能，从大类来看，可以是谨慎再投资、稳健再投资、激进再投资。这样，最差的情况一般是，利息再投资全部亏损，本金依然无损，总体年收益率为0；而最好的情况则可能是，利息再投资盈利数倍，本金同样无损，总体收益率可以得到较大幅度的提升。

国外的保本基金常用的保本策略有三种：固定比例投资组合保险（CPPI）策略、时间不变性投资组合保险（TIPP）策略和基于期权的投资组合保险（OBPI）策略。这三种策略的基本原理相同，都是将大部分资金投资于固收类资产，使其期末的本息和等于保本额度，然后将剩余资金投资于权益类资产；不同之处主要在于保本额度的确定方式及投资标的。

目前，在国内的实务中，保本策略大多采用CPPI策略。其基本原理是将固定收益类资产的预期收益作为安全垫投资于权益类资产，从而避免投资组合的本金损失。由于在非极端市场情形下，权益类资产的投资损失比例通常小于100%，所以可以设置一个风险乘数，按固定收益类资产预期收益的一定比例确定权益类资产的投资额度，从而在控制下方风险的同时，充分捕捉市场上涨所带来的投资收益。

所以，我们可以说，虽然目前银行理财产品都不保本了，但通过产品设计、投资安排、策略选择，大概率还是可以保本的，那种极端情况下出现的亏损毕竟还是少数。相对其他理财产品而言，银行理财产品通过安全性、流动性和收益性的综合平衡，在绝大多数情况下，还是能较好地满足那些长期以来青睐较低风险、较高收益的普通投资者的需求的，能够赢得广大客户的信赖。

小贴士:

银行为什么要销售理财产品?

一枚硬币都有两面。在了解了投资者为什么要投资银行理财产品之后，我们有必要追问一下，银行为什么要销售理财产品呢? 从第2章介绍的银行理财业务发展的历史脉络中其实可以窥见其内因，银行发行理财产品可以从三个层层递进的视角进行解读。

一是起因于增加中间业务收入。之前银行的商业模式都是吃利差，也就是赚取贷款利息和存款成本之间的差额。而在2000年之前，银行多受制于不良资产的羁绊，急需拓展非利息收入，也就是所谓的中间业务收入。如果说最开始的理财产品充分利用了彼时因市场分割造成的跨市场套利机会，具有中间业务性质，那么，其后的发展多少让理财产品变身为银行体外的银行，具有将利息收入转化为中间业务收入的性质。

二是壮大于监管套利。银行理财产品蓬勃发展，银行的获利除了吸收固定成本的资金并用于投资，从中赚取利差外，本质上是因为理财产品可以用于监管套利。刚性兑付的产品是保本的，但不纳入表内，不占用风险资本，不计提拨备，不缴纳存款准备金，而且可以承接银行自身无法接纳的资产，通过产品的设计和客户的营销，银行可以在"存款变理财"与"理财变存款"之间辗转腾挪，更方便地满足监管指标与考核的要求。壮大理财产品规模，既是同业竞争的需要，也出于谋取再造一个表外的全能银行的便利考量。

三是回归于满足客户。国力逐渐强盛，人民收入及财富与日俱增，伴随在经济腾飞身边的通货膨胀影子，在本质上为银行理财产品的大爆发埋下了伏笔。在理财产品得以规范后，对于银行而言，"以客户为中心"并不只是一句口号。只有在切实满足客户需求的基础上回归资产管理业务本源，才能实现银行自身的健康发展，包括客户增长、账户增长和收入增长。在这方面，银行发行理财产品无疑是一条光明的引流获客大道。

第4章

银行理财产品面面观

在我刚刚开始学着投资理财的时候，只是听理财经理推荐就买了，并帮我办好了手续。现在想来，幸亏我当时买的是保本、保收益的产品，否则亏了还不知道怎么回事，我竟然连产品说明书都没有看，真是稀里糊涂的。

今非昔比。现在的银行理财产品已全部是非保本的了，在产品说明书或风险揭示书等销售文件上第一句或最醒目的话莫过于"理财非存款，产品有风险，投资须谨慎"。"闭着眼睛买理财"的那些日子不再有了。因为利益攸关，所以，投资它，就必须了解它。

从本章开始，我们要认真审视、仔细端详银行理财产品的"金身"了。

4.1　开放式还是封闭式

根据运作方式的不同，理财产品分为封闭式理财产品和开放式理财产品两种类型。

所谓封闭式理财产品，是指有确定到期日（终止日），且自产品成立日至终止日期间，投资者不得进行申购或者赎回的理财产品。封闭式理财产品到期后便不再进行投资运作，不需要投资者申请，产品投资的本金和收益（若发生亏损，则是本金剩余金额）在一定时间内自动转入投资者的银行账户中。

所谓开放式理财产品，是指自产品成立日至终止日期间，理财产品的份额总额不固定，投资者可以按照协议约定，在开放期进行申购或者赎回的理财产品。购买开放式理财产品，如果没有在开放期赎回，则自动进入下一阶段的投资运作，就像在开放日自动循环购买一样。

两种不同运作方式的理财产品对发行银行和投资者有不同的影响。就开放式理财产品而言，对银行来说，由于运作资金随时或定期会发生变动，要备付赎回资金和追加投资，影响资金运作效率，可能损失一定的收益，且带来流动性管理和操作的复杂性；而对投资者来讲，由于可以定期申购或赎回，投资较为灵活，在预判未来出现有利或不利因素时，可以及时追加投资或者选择及时退出，当然，在流动性增加的同时也必然带来一定的收益损失。而封闭式理财产品的特点和影响正好相反。二者的主要区别见表4-1。

所以，作为投资者，在决定购买理财产品时，一定要结合自己家庭或个人的资金流动性需要，做好规划，仔细辨别产品是开放式的还是封闭式的。

表4-1 开放式理财产品与封闭式理财产品的主要区别

	开放式理财产品	封闭式理财产品
申赎限制	在存续期间的开放期可以申购和赎回	自产品成立日至终止日期间没有机会申购和赎回
产品规模	总份额不固定	总份额固定不变
投资策略	随时备付赎回资金或追加投资,强调流动性管理,影响资金运作效率	可在既定时期内从容投资,投资资产和久期选择更加顺意
产品收益	相对较低	相对较高
投资期限	开放日即到期日,投资期限可调整,有的理财产品开放周期短至一天	终止日即到期日,期限固定,存续期都在90天以上,一年以上期限居多
投资费用	开放期赎回,可能有赎回费	产品到期兑付,没有额外费用
信息披露	透明度高,有严格要求。对信息披露方式、内容都要按规定或开放频率进行及时披露	按照与合格投资者约定的方式和频率进行信息披露。至少每周披露一次

如果你的资金在短时期内有其他使用计划,或者要时不时地使用,对流动性要求高,则建议购买开放式理财产品。需要注意的是,开放式理财产品根据开放周期和频率的不同,又可以进一步分为每日开放和定期开放,定期开放如每隔7天、每隔14天、每隔1个月、每隔1个季度、每隔1年开放一次等。所以,在购买开放式理财产品时,应按照资金使用计划,选择合适的开放周期产品。

从目前来看,封闭式理财产品的期限多在一年以上两年以下,且一年以上的封闭式理财产品的存续余额占比持续上升。统计数据显示,截至2021年年底,期限在一年以上的封闭式理财产品占全部封闭式理财产品的比例为63%。由于"资管新规"要求,金融机构应强化资产管理产品的久期管理,降低期限错配风险,封闭式资产管理产品期限不得低于90天,因此,截至2021年年底,90天以内的封闭式理财产品在市场上已实现了清零。投资封闭式理财产品,就是要在较长时期内实现较高的收益。

不过,从市场发行的理财产品来看,还是以开放式理财产品为主体。从2021年全年来看,开放式理财产品累计募集资金115.09万亿元,占理财产品募集总金额的94.19%;封闭式理财产品累计募集资金才7.1万亿元,仅占理财产品募集总金额的5.81%。从截至2021年年底的全部29万亿元规模的产品存量来看，开放式理财产品的占比为82%，封闭式理财产品的占比为18%。

需求决定供给。看来市场上广大的投资者还是相对更喜欢投资开放式理财产品。

4.2　公募还是私募

根据募集方式的不同，理财产品分为公募理财产品和私募理财产品两种类型。

所谓公募理财产品，是指商业银行面向不特定社会公众公开发行的理财产品。这里的关键词是"不特定社会公众"，而面向"不特定社会公众"发行就是公开发行。

当然，按照"理财新规"的说法，这里的公开发行的认定标准应按照《中华人民共和国证券法》执行。

该法第九条规定，有下列情形之一的，为公开发行：

（一）向不特定对象发行证券；

（二）向特定对象发行证券累计超过二百人，但依法实施员工持股计划的员工人数不计算在内；

（三）法律、行政法规规定的其他发行行为。

在这里，大家把理财产品也理解为一种证券就可以了，或者用理财产品替换掉证券去理解其中的含义也可以，不用机械照搬。

所谓私募理财产品，是指商业银行面向合格投资者非公开发行的理财产品。

这里的关键除了"非公开发行",核心是对"合格投资者"的认定。

那么,什么才是合格投资者呢?难道对应还有"不合格投资者"?我们购买了多年的公募理财产品,没购买过私募理财产品,难不成自己还不合格了?

对此大家不要纠结。事实上,这里所谓的"合格投资者"仅仅是一个与"不特定社会公众"相对应的概念。因为"资管新规"把投资者分为两类,即"不特定社会公众"与"合格投资者",它们是相对应的概念和范畴。

按照"资管新规"和"理财新规"的规定,所谓合格投资者,是指具备相应风险识别能力和风险承受能力,投资于单只理财产品不低于一定金额且符合下列条件的自然人、法人或者依法成立的其他组织:

(一)具有两年以上投资经历,且满足家庭金融净资产不低于300万元人民币,或者家庭金融资产不低于500万元人民币,或者近三年本人年均收入不低于40万元人民币。

(二)最近一年末净资产不低于1 000万元人民币的法人或者依法成立的其他组织。

(三)国务院银行业监督管理机构规定的其他情形。

先不去管什么法人组织,就个人而言,不妨简单地理解,这些"合格投资者"就是有一定资产的投资者,他们就是银行经常说的"高净值客户"和"私人银行客户"。

由于私募理财产品的投资范围可由合同自由约定,可以投资于债权类资产和权益类资产等,包括上市交易的股票、未上市企业股权及其受(收)益权等,导致这类产品风险较高,普通投资者尽量还是不要投资。在这个意义上,我们也不妨将"合格投资者"理解为"合格的亏损承担者"。

其实，"合格投资者"是一个舶来品，笔者更愿意把它的拗口归咎于当初的翻译者，意译不到位。在本质上，这个专业术语的全称应该是"合资格投资者"，也就是说，符合某种资格或条件的投资者，其中的资格或条件包括从业经验、专业知识和资金实力等。其核心是具有这些资格或条件的投资者，不管是个人还是法人组织，具有更强的风险识别能力和更大的风险承受能力。在立法上要区分这些投资者，其目的在于推进市场健康发展，保护投资者权益。

所以，从本质意义上来说，如果你觉得"合资格投资者"有些拗口，或者不太符合汉语的语法习惯，则完全可以将其改称为"专业投资者"，这样就可以与作为"不特定社会公众"（也可称为"公众投资者"）的"普通投资者"相对应了。在实务中，尽管在不同的法规上使用了不同用语，但在本质上"合格投资者"就是"专业投资者"，"不特定社会公众"就是"普通投资者"。

那不同的资金募集方式有哪些区别或优缺点呢？相对私募而言，公募一般具有以下特点或好处，即公募向众多投资者发行产品，筹集资金潜力巨大，非常适合募集资金量大的情形；但不好的地方在于发行流程较为复杂，注册审批或备案时间较长，发行成本也高。反过来也就是私募的优缺点。理财产品发行银行可以根据情况灵活选择具体的募集方式。

由于面向的投资者不一样，基于风险的考虑，两种不同方式的理财产品在投资范围上有不同的要求。通常公募理财产品的投资范围主要是标准化债权类资产，以及上市交易的股票，在一般情况下，不得投资未上市企业股权和商品及金融衍生品。而私募理财产品的投资范围则由合同约定，可以投资债权类资产、上市或挂牌交易的股票、未上市企业股权（含债转股）和受（收）益权以及其他合法资产，投资范围最为广泛。

二者的主要区别见表4-2。

表4-2 公募理财产品与私募理财产品的主要区别

	公募理财产品	私募理财产品
募集方式	公开发售（可进行媒体广告宣传）	非公开发售
募集对象	不特定社会公众（普通投资者）	合格投资者（专业投资者）
投资门槛	门槛低。银行理财产品单一投资者投资起点金额不得低于1万元人民币；理财子公司不设置理财产品销售起点，1元可以起投	门槛高。合格投资者投资于单只固定收益类产品的金额不低于30万元人民币，投资于单只混合类产品的金额不低于40万元人民币，投资于单只权益类产品、单只商品及金融衍生品类产品的金额不低于100万元人民币
投资限制	在投资范围、投资比例与理财类型的匹配上有严格限制	无明确限制，由协议约定
风险水平	较低	较高
信息披露	有严格要求。对信息披露方式、内容都要按规定进行及时披露	要求低，有一定的保密性。除至少每季度向投资者披露产品净值和其他重要信息外，其信息披露方式、内容、频率由产品合同约定

相对而言，因为公募理财产品的发售对象为不特定社会公众，所以是市面上最为常见的理财产品。该类理财产品主要由银行按期次募集，投资者可以在多个不同产品之间进行选择，开放式和封闭式均有，期限从长到短均有覆盖。统计数据显示，2021年公募理财产品累计募集资金120.83万亿元，占全部理财产品募集资金的98.89%；私募产品累计募集资金仅1.36万亿元，占全部理财产品募集资金的1.11%。截至2021年年底，公募理财产品的存续余额为27.84万亿元，占全部理财产品的存续余额的96%；私募理财产品的存续余额为1.16万亿元，占全部理财产品存续余额的4%。公募理财产品是银行理财的绝对主力。

当然，如果你有幸成为合格投资者，则完全可以留意私募理财产品，有些风险相对可控，但收益确实不错。而且作为银行的大客户，还会享受到贵宾式的服务待遇，被服务的良好体验也是投资的一种附带收益。

4.3　固定收益类还是其他

根据投资性质的不同,理财产品又可以分为固定收益类理财产品、权益类理财产品、商品及金融衍生品类理财产品、混合类理财产品四类。

其中,固定收益类理财产品是指投资于存款、债券等债权类资产的比例不低于80%的理财产品;权益类理财产品是指投资于权益类资产的比例不低于80%的理财产品;商品及金融衍生品类理财产品是指投资于商品及金融衍生品的比例不低于80%的理财产品;混合类理财产品是指投资于债权类资产、权益类资产、商品及金融衍生品类资产且任意资产的投资比例未达到前三类标准的理财产品。

在每款理财产品的销售文件中都会载明产品类型、投资范围、投资资产种类及其投资比例,并确保在理财产品成立后至到期日前,按照销售文件约定的比例进行投资,可以合理浮动,但银行不得擅自改变理财产品类型。

如果在特殊情况下,金融市场发生了重大变化,导致理财产品的投资比例暂时超出浮动区间,且可能对理财产品的收益产生重大影响,则银行必须及时向投资者进行信息披露,并在流动性受限资产可出售、可转让或者恢复交易的十五个交易日内,将理财产品的投资比例调整至符合要求。如果超出销售文件中约定的比例,特别是低风险类型的理财产品超出比例范围、投资了较高风险资产的,则必须事先取得投资者书面同意。如果投资者不接受,那么法规规定投资者有权按照销售文件中的约定,提前赎回理财产品。

在这里,需要强调一下,需要明晰这样的产品分类,主要目的在于想提醒投资者注意,在不同分类下由于投资资产不同,风险自然不同,特别是后三类产品,风险较高,在投资时要特别注意,要在银行对产品风险评级和自身风险承受能力评估的基础上，选择合适的产品。因为银行理财产品一直以来给大家的印象是稳健、风险低，所以银行理财产品以固定收益类为主，且规模和占比持续提高。如果遇到其他三类产品，则要仔细研判是否符合自己的投资风险偏好。

截至2021年年底，固定收益类理财产品的存续余额为26.78万亿元，同比增长22.80％，占全部理财产品存续余额的92.34％；混合类理财产品的存续余额为2.14万亿元，同比下降46.13％，占全部理财产品存续余额的7.38％；权益类理财产品的存续余额为809亿元，同比增长1.09％，占全部理财产品存续余额的0.28％；商品及金融衍生品类理财产品规模较小，仅为18亿元。这几类产品的占比多少也基本反映了不同类型理财产品的风险大小，即：

商品及金融衍生品类理财产品的风险>权益类理财产品的风险>混合类理财产品的风险>固定收益类理财产品的风险

特别需要提醒大家的是，千万不要认为固定收益类理财产品就是指收益固定的理财产品。在前几章中我们不止一次提醒大家，现在的银行理财产品已经没有保本、保收益的了，自然这里所谓的固定收益类理财产品也绝不是保证你一定会取得固定收益率的产品。

这个分类下的理财产品是由银行利用理财募集资金去投资资产的不同性质决定的。所谓固定收益类理财产品，是指该理财产品是投资于存款、高等级债券等固定收益类资产的，并不是指兑付给投资者的收益是固定的。这是大家一定要清楚的。

一方面，存款、债券也会面临交易对手违约的可能，就像包商银行破产后，个人客户的存款得到了全额赔付，但6.36万户企业及同业机构客户则承担了10％的损失。另一方面，利率的大幅度波动也会影响债券市场价格，而其他20％以内的投资资产则可能面临更大的不确定风险，再加上可能的政策性风险，固定收益类理财产品也是有风险的，并不会取得所谓的固定收益，而是一律按照开放日或到期日的产品净值，取得浮动收益或承担亏损。

图4-1所示为2021年年底固定收益类银行理财产品的资产配置结构。

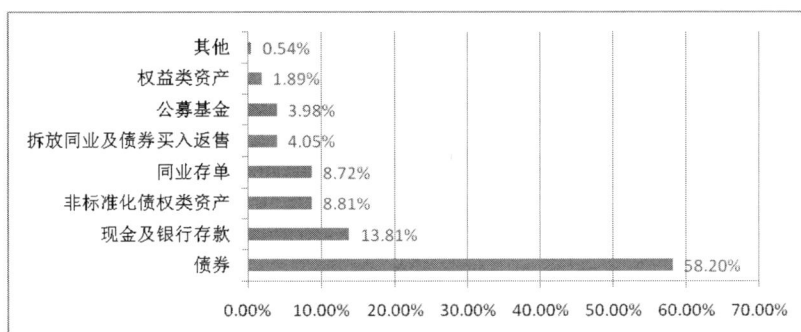

图4-1　2021年年底固定收益类银行理财产品的资产配置结构

这里再稍微解释一下市场上热衷的所谓"固收+"一词，不管是基金投资者，还是银行理财产品投资者，应该耳熟能详，至少有所耳闻。从前面"固定收益类理财产品"的定义可知，要求该类理财产品投资于存款、债券等债权类资产的比例不低于80%。这样在逻辑上最多还有20%比例的资金可以配置到其他类资产上。

所以，"固收+"产品就是由"固收"和"+"两部分组成的产品。可以这么理解："固收"部分是"固收+"产品的基础配置，以存款和中短期的高等级债券为主，主要目的是坐稳产品属性的基本盘，获得稳定的票息收益。但这部分资产也比较同质化，各家银行的产品都差不多；而"+"部分是"固收+"产品的"活的灵魂"，也是体现不同银行投资管理水平的地方，各家银行可以充分利用最多20%比例的资金去投资权益类、高收益债券、非标资产，甚至商品期货等。加好了，是收益来源，即所谓的增厚策略；加不好，则会成为风险来源，沦落成摊薄策略。

当然，各家银行都有自己的风险控制策略，在"固收+"产品的收益来源多元化的情形下，尽量保证各收益来源之间的相对独立性，较好地分散投资风险，为"固收+"策略控制回撤、实现绝对收益打下基础。

具体这几类不同的产品可投资资产都包括什么、各自具有什么样的投资性质、有什么样的风险特征，我们将在第5章中进行讲解。

4.4 非保本浮动收益型与净值型

从理财产品的收益类型来看，理财产品分为三种类型，一种是保本、保收益的，一种是保本、不保收益的，一种是不保本的。对于不保本的来说，既然连本都不保了，收益就更不可能保了，也就是说本金不保，且收益也可有可无，成为不确定的、浮动的，故称之为非保本浮动收益型。

在"资管新规"实施后，保本型理财产品已经被禁止发行了。如果发现哪家银行违反了依据真实公允性来确定净值的原则，对产品进行保本、保收益，或者采取滚动发行等方式，使得理财产品的本金、收益、风险在不同投资者之间进行转移，以实现产品保本、保收益，再或者当理财产品不能如期兑付或者兑付困难时，银行自行筹集资金偿付，或者委托其他机构代为偿付的，都将被认定为存在刚性兑付行为，而受到惩处。

因此，截至2021年年底"资管新规"过渡期结束，在市场上已经没有保本型理财产品了，要想保本，只能选择存款。而"资管新规"规定，银行发行的理财产品只有人民币或外币形式的非保本理财产品一种，也就是非保本浮动收益型。大家在阅读任何一款理财产品的说明书时就会发现，其标注的收益类型都是非保本浮动收益型。

称为非保本浮动收益型，这是书面的客观描述与命名，因为募集的理财资金都会投资运用到其他资产上，而其他资产没有百分之百的安全，正如包商银行的例子，即使同业存款也可能因为交易对手出现问题而导致不能全额兑付的情形发生。因为各种理财产品都有着丰富多样的投资方向，资产的安全性与收益性均受到各方面、多因素的不同影响，没有人可以拍着胸脯说"投资没有任何风险"，所以"收益"只能是"浮动的"，本金也是不能被保证的。这也才是"投资有风险"的真正含义。

而真正体现非保本浮动收益的典型产品即净值型产品。"资管新规"和"理财新规"强化了产品运作规范，要求对产品实行净值化管理，开展理财业务必须按照关于金融工具估值核算的相关规定，确认和计量理财产品的净值，并按要求进行披露。所以，现在的理财产品在发行时不明确或承诺收益率，只是在存续期内定期或不定期地披露单位份额净值，随后投资者根据产品实际投资运作情况，到期或赎回时享受浮动的收益（或亏损）。

在本质上，任何投资都面临着不确定性。之前的理财产品之所以有保本、保收益之说，是"刚性兑付"的结果，并不是真正的"受人之托，代人理财"，远离了资产管理或财富管理的本源。真正的投资各类资产，根本不可能给出一个非常确切的收益率水平。所以，净值型产品才是真正符合投资本意的、真正体现出本金不被保护而收益浮动的理财产品。

在这里，净值是融合了本金和收益的一个综合体概念。在赎回产品时，如果份额净值大于原始投资时的产品份额净值，则意味着不仅本金有保证，还获得了一定的收益；如果份额净值小于原始投资时的产品份额净值，则意味着不仅没有赚到收益，还亏损了部分本金；如果份额净值正好等于原始投资时的产品份额净值，则意味着仅仅收回了本金，没有收益，也没有发生亏损（如果有其他手续费支出，则实际上仍然有亏损）。

根据银行业理财登记托管中心发布的《中国银行业理财市场年度报告（2021年）》，截至2021年年底，保本理财产品规模已实现清零。也就是说，全部理财产品都是非保本浮动收益型的。其中，净值型理财产品余额为27万亿元，占比为93%，尚有其他7%约2万亿元的理财产品是非净值型的。图4-2所示为净值型理财产品规模及占比变化情况。

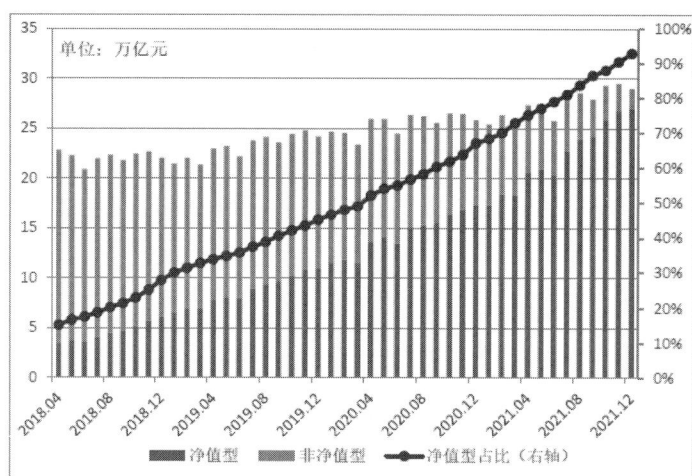

图4-2　净值型理财产品规模及占比变化情况

这里引出了非保本与净值的另一层关系，即净值型是非保本浮动收益型的一种，非保本浮动收益型也有非净值的。也就是说，非保本浮动收益除主要以净值来表示外，还可以用其他形式来表示，例如，仍然给出一个参考的收益率水平或区间。但按照监管规定，必须全部向净值化转型，大概在2022年年底之前就会彻底取消非净值型理财产品。彼时，一说银行理财产品，就都是非保本浮动收益型的，也就是净值型的。非保本浮动收益型就等于净值型。

4.5 收益率与投资期限

理财产品的收益和期限是许多投资者最为关注的直观要素。当然，这也是每款理财产品自身最重要的基本要素。投资者可能会稀里糊涂的，不管它是固定收益类产品还是混合类产品就买了，但是再糊涂的投资者也不会忽略要购买的理财产品是多长期限的、预期到手的收益率是多少。假若银行告诉客户，某款理财产品的期限不知道有多长，收益率也不知道是多少，那么是不会有客户购买的。

如果一款理财产品的投资期限较长，就会令投资者承担更多的流动性风险和不确定性，从而理应获得更高的收益率上的补偿；相反，如果投资者能够获得流动性上的便利，就会在收益率上进行让渡或打折。所以，在实务中，投资者往往通过衡量投资期限和收益率的关系来决定是否购买理财产品。

除了要考虑自己的资金使用计划，合理谋划可投资期限长短外，在这里主要提醒大家的是，回到第3章我们提到的投资的"不可能三角"或者"三元悖论"，大家务必要牢记这个原理。

首先，收益率暗含了风险，并不是越高越好。大家一定要思考和寻找高收益背后的原因和逻辑。之所以能够获得高收益，大概率是因为承担了高风险，从而以高收益作为承担高风险的补偿。但大家也一定要明白，高风险并不一定带来高收益，高风险也可能带来的只是高损失。风险就是不确定性，可能向好，也可能变坏。正如证券市场上那些上市交易的股票，风险很高，但能获得高收益的又有几人呢？所谓"十人炒股，七亏二平一赚"，也就是说，90%炒股的人都是赚不到钱的。想着赚取高收益，承担了高风险，但最终结果却不一定。

除此之外，还有一种可能性是拿到了非常好的资产，这些资产不但廉价，而且收益很高。这在特殊情形下，在市场割裂、信息极不对称的情况下，也是有可能的。但现在大家想一想，那么多的银行，还有保险、证券、信托、基金等机构都在市场上寻找这些好资产，市场上那么多的钱都在挖掘这类资产，不说是没有，即使有，也早已被大家抢光了，还留着你的理财产品去投资？想想可以，但也仅仅是想一下而已。

其次，期限代表流动性，越短越灵活，但收益一定高不了。资金的利息或收益本质上来源于其使用权在期限上的让渡，即所谓时间的价值。让渡的期限越长，越需要高的收益来补偿；让渡的期限越短，便只能取得更少的利息或收益。作为投资者，我们对期限这个问题还要客观看待。在某种意义上，我们希望期限越灵活越好，最好在期限灵活的同时兼顾收益和风险。但是投资的"三元悖论"告诉我们，这个兼顾只能保一头，要么不顾风险要收益，要么规避风险放弃高收益，所谓"鱼与熊掌，不可兼得"。

早些年，银行为了吸收存款，在关键时点，比如季末或年末，可能会发行一些期限较短、收益却较高的理财产品。但现在银行在发行理财产品时，虽然还是会在募集期和起息日的时间上做文章，但明显为了吸收存款而抬高收益的情况越来越少，而且都是非保本的，在短期内要实现高收益的风险等级会比较高，也不适合多数普通投资者。而且从投资者的角度来看，即使收益高，但若期限太短，也不一定就是理想的投资标的。因为期限短，投资者可能面临较大的再投资风险，到期了资金没有更好的投向，可能闲置多天，以前的所谓高收益也可能被抹平了。

其实，投资就是寻找期限、收益和安全上的平衡。回到本书的主题，假设大家可以购买银行理财产品，也就是做好了资金使用规划，做好了日常资金流动性安排。既然要投资银行理财产品，不一定非要坚持期限越短越好的原则，而应结合自己的整个资产配置组合，选择适合自己的期限，从而在风险可控的情况下获得较为理想的收益。

最后提示一点，因为现在的理财产品都是非保本的，所以在购买理财产品时，在产品说明书上列明的收益率水平并不一定就是产品到期时的真实收益率水平。以往的银行理财产品往往带有刚性兑付的性质，所谓预期收益率差不多就是产品到期后的实际收益率。而现在的银行理财产品完全不具备刚性兑付的性质，没有任何实际收益承诺或保障的作用，所谓的业绩比较基准只具备参考价值，更多的是作为计算超额业绩报酬，也就是浮动管理费的依据。所以，当产品到期时，其实际收益率与购买时的预估收益率或业绩比较基准完全可能存在较大的偏差。

而且现在的法规规定，商业银行发行理财产品，不得宣传理财产品的预期收益率，在理财产品的宣传销售文本中，只能登载该理财产品或者本行同类理财产品的过往平均业绩，或者最好、最差业绩，并以醒目文字提醒投资者，"理财产品过往业绩不代表其未来表现，不等于理财产品实际收益，投资须谨慎"。

因为在实务中，我们投资理财一定要知道一个大概的收益率，否则就没法投资了。不管银行怎么说，这个收益都代表的是一种收益估值，不管是一种业绩比较基准也好，还是一种预估的收益率也罢，都不妨作为参考收益率。

例如，某款理财产品的业绩比较基准为5%，那么投资10万元一年的收益预估值为5%×100 000=5 000（元）。假如最终实现了6%的收益率，如果在理财产品说明书中约定投资管理人的超额业绩报酬（浮动管理费）为超过业绩比较基准部分的50%，那么最终投资者实际得到的收益为5.5%×100 000=5 500（元）。

当然，在逻辑上或者理论上，任何一类投资都可能出现亏损，在极端情况下还可能丧失全部本金，产品单位净值归零。对于理财产品而言，这种最不利的投资情形和投资结果主要体现为：一是暂时性的，产品到期可能发生延期支付；二是永久性的，理财产品投资的资产出售出现问题，影响产品收益实现，乃至本金全额无法收回。产生上述可能结果的原因主要包括：一是投资的资产或资产组合在处置时受限于二级流通市场的缺失，导致出现流动性风险；二是投资的债券品种受市场价格波动影响，存在市场风险；三是投资的资产或资产组合涉及的融资人和债券发行人因违约造成的风险。如果发生上述这些不利的投资情形和投资结果，那么投资者将面临本金和收益损失的风险。

4.6 理财产品的风险等级

不同理财产品的风险大小是不一样的。购买过理财产品的人都知道，理财产品分为PR1、PR2、PR3、PR4、PR5共五个级别。那么这些分别代表什么，各自具有怎样的风险水平呢？

"理财新规"规定，商业银行应当采用科学合理的方法，根据理财产品的投资组合、同类产品过往业绩和风险水平等因素，对拟销售的理财产品进行风险评级。理财产品的风险评级结果应当以风险等级体现，由低到高至少包括一级至五级，并且可以根据实际情况进一步细分。

由于风险等级由银行自行评定，所以具体怎么评定，都属于银行内部的技术和流程，不对外公布，只是将评定结果展现给投资者，具体会在理财产品说明书和风险揭示书中明确进行标注，具体是在"特别提示"和"理财产品基本信息"或"风险级别"项目/栏目中，并且同时注明 "本风险评级为产品管理人内部评级结果，该评级仅供参考，不具备法律效力"。

在实务中，各家银行具体展现结果的形式也可能会略有不同。例如，中国工商银行和中国银行的理财产品分为PR1、PR2、PR3、PR4和PR5五级,风险依次升高;建设银行的理财产品风险等级则用R1、R2、R3、R4和R5来表示,风险依次升高;中国农业银行的理财产品风险等级直接用低风险、中低风险、中等风险、中高风险和高风险来表示,招商银行的理财产品风险等级直接用一级、二级、三级、四级和五级来表示,风险也依次升高。

还有少数银行采用六级来评定风险等级,例如,交通银行的理财产品风险等级就分为六级:保守型产品(1R)、稳健型产品(2R)、平衡型产品(3R)、增长型产品(4R)、进取型产品(5R)、激进型产品(6R)。

一般而言,银行对理财产品的风险等级划分主要参考以下几方面的因素。

一是产品性质,也就是理财产品的投资范围、投资资产和投资组合比例。前文述及,根据投资性质的不同,理财产品可以分为固定收益类理财产品、权益类理财产品、商品及金融衍生品类理财产品和混合类理财产品四类,每种产品有不同的投资资产范围和比例要求。由于不同的投资资产面临不同的市场、交易对手和经营环境,风险自然不同,其不同的资产组合也将产生不同的风险,这些都会造成风险等级的差异。而且理财产品期限越长,在投资运营中存在的各种不确定因素越多,需要投资者承担的不确定性也越大,投资的风险也越大。

二是市场环境。投资管理人在投资管理过程中,需要对国际和国内的政治经济形势、周期波动、法规政策、货币与资本和商品市场发展状况、利率汇率变化、行业波动等短期走势与中长期趋势做出判断,并调整投资策略,这些因素都会影响理财产品本身以及不同投资资产价格的波动,进而带来相应的风险。

三是投资策略。理财产品的投资运营过程是投资策略的落地实施过程,投资团队如何设置投资范围浮动比例,如何设置警戒、平仓标准,如何确定杠杆、久期等策略，都对应着不同的收益追求和风险承担水平。

四是过往业绩。考虑投资管理人开发设计的同类理财产品的过往业绩，实际上是参考银行的真实投研能力，并能充分参考之前的投资波动率或回撤程度对产品进行风险评级。

我们以实务中常见的五级风险等级为例，对其相应的风险程度和具体描述进行说明，见表4-3。

表4-3　理财产品不同风险等级对应风险程度的描述

风险等级	风险等级描述	风险程度
PR1	理财产品风险低，极少受到市场、政策法规、宏观经济及行业波动等风险因素的影响。出现本金损失的概率低，且净值波动率低，但投资者可能获得的投资回报也低	低
PR2	理财产品风险较低，较少受到市场、政策法规、宏观经济及行业波动等风险因素的影响。理财产品出现本金损失的概率较低，且净值波动率较低，但投资者可能获得的投资回报也较低	较低
PR3	理财产品风险适中，会在一定程度上受到市场、政策法规、宏观经济及行业波动等风险因素的影响。理财产品存在一定本金损失的概率，且有一定净值波动率，预期收益的实现存在一定的不确定性，但投资者可能获得一定程度的投资回报	中等
PR4	理财产品风险较高，会受到市场、政策法规、宏观经济及行业波动等风险因素的影响，产品结构有一定的复杂度。理财产品存在较高本金损失的概率，或净值波动率较大，预期收益的实现存在较大的不确定性，但投资者可能获得较高的投资回报	较高
PR5	理财产品风险高，容易受到市场、政策法规、宏观经济及行业波动等风险因素的影响，产品结构较为复杂。理财产品存在极高本金损失的概率，或净值波动率极大，预期收益的实现存在极大的不确定性，但投资者可能获得高额的投资回报	高

将理财产品的风险划分为不同的等级，主要目的是通过对风险大小的揭示，按照匹配原则，在理财产品风险评级与投资者风险承受能力之间建立起对应关系，从而实现将合适的理财产品卖给合适的投资者。

4.7 质押与转让条款

质押与转让条款是一个常常被广大投资者忽略的条款，但这却是一个非常有价值的条款。我问过身边买过理财产品的朋友，竟然还有个别人不知道这一条款的存在，而且即使知道这一条款存在的朋友，也几乎没有真正使用过。这个条款的存在可以克服理财产品的一个明显弱点——流动性风险，并且还可以带来某些额外收益，不善于利用真的非常可惜。

何以如此？让我们略加说明。

对于较长封闭期的理财产品，或者开放周期较长的开放式理财产品，投资者除了要承受产品本金和收益的风险外，还面临一个显见的风险——流动性，也就是说，当我们计划外或临时需要用钱时，却发现产品不到开放期或不到终止日，根本无法赎回资金。之前的金融创新还远远不能满足投资者的各种需要，遇到这种情况，投资者只能坐等理财产品到期或到开放日再行赎回，除此之外，几无他法。但现在随着金融创新的发展，理财产品的质押和转让机制也逐步建立和完善起来，尽管还不是非常普遍。

在日常的投资实务中，这一条款之所以没有得到应有的重视，一个原因是人们很少会把自己未到期的理财产品质押出去，且对理财产品转让，也只有少数银行正式推出了此项线上功能，用过的人非常少。有些投资者可能在线下也遇到过类似情形，对于不到期的理财产品，在理财经理的撮合下，将其转让给了他人。在之前不太规范的环境下，在这种情况下还出现过"理财飞单"。现在有的银行上线了理财产品转让平台，操作更加方便和安全，切切实实地可以增加投资的额外流动性，并且可以利用转让功能，获取相比理财产品初始发行时购买或到期赎回更加丰厚的收益。

就理财产品质押而言，其本质就是理财产品质押贷款，是指借款人以本人名下、银行销售的理财产品本金和收益权设置质押，从银行取得贷款，到期归还贷款本息的一种信贷业务。因为不同类型的理财产品，其风险评级不同，一般银行只接受低风险（PR1）和中低风险（PR2）的理财产品作为押品，且根据理财产品风险评级的不同给予不同的质押率（一般在60%～90%）或贷款额度。银行在办理这项业务时，质押的理财产品一般仅限于自己银行所发售的理财产品，且理财产品的购买人和质押贷款人必须为同一人。

目前绝大多数银行都在个人贷款项下开办了理财产品质押贷款业务，有的银行还开办了网上理财产品质押贷款业务，纯线上办理，非常方便。大家可以具体咨询银行的各个网点，在需要时予以办理，这里不多解释和说明。

需要注意的一点是，虽然通过质押赋予了理财产品持有人额外的流动性，一般而言，质押贷款的利率普遍会高于理财产品的收益率，且可能需要支付手续费，整体融资费用并不低。所以，还是建议大家将理财产品质押作为缓解资金流动性不足的工具，不要随便基于扩大杠杆的目的，扩大融资去搞其他投资，得不偿失。

在这里重点说明一下理财产品的转让功能。

这个功能比质押贷款功能要强大得多，对理财产品投资者更具价值。所谓理财产品转让，是指有流动性需求的投资者，通过银行的线下或线上转让平台，以一定价格将其持有的未到期的理财产品转让给其他投资者，以及时获得资金的行为。这就好比理财产品的跳蚤市场或者证券交易的二级市场。

比较原始的转让方式是传统线下撮合转让模式，即理财产品出让人自行寻找

"特定受让人"作为买家，或请理财经理协助发出信息，联系愿意受让该产品份额的客户，双方约定转让价格后，前往银行网点柜台提交转让申请，办理定向转让。这种转让方式存在已久。

而先进、便利的转让方式则是网上平台撮合模式，即理财产品出让人、受让人分别在网上银行挂单，由系统根据价格优先、时间优先选择原则自动撮合匹配，类似于股票市场的交易规则。除了竞价模式外，有的银行还支持一口价模式和协议模式。其中，一口价模式是指理财产品以确定的价格转让，受让人先到先得；协议模式是指先指定一个受让人，以确定的价格发起转让，受让人以约定口令的方式来购买转让产品。协议模式相当于原始线下交易的线上化，价格由买卖双方自行商定，银行仅为双方提供一个线上交易平台。

部分银行的系统平台除了支持一对一全额转让外，还支持产品拆分，即出让人的一笔理财产品可以拆分出售给多人。多数银行支持7×24小时不间断交易，转让信息实时显示，成交后资金即时到账。当然，在银行办理理财产品转让的过程中，由于银行提供了额外的服务，通常会对理财转让收取一定的手续费。

前期有不少银行已推出了这项功能，如中国建设银行、招商银行、中信银行、浦发银行、兴业银行、渤海银行、杭州银行、浙商银行、江苏银行、宁波银行等。图4-3所示为中国建设银行理财产品转让平台。当然，银行推出理财产品转让平台，也并不是所有的银行理财产品都能转让，各家银行对可转让的理财产品类型、风险等级、持有时间、剩余期限等进行了不同的限制。近期，可能受"资管新规"出台的影响，部分银行如招商银行、中信银行、兴业银行等公告因系统进行升级改造，暂停了理财产品转让服务，有需求的投资者可以联系银行的理财经理进行咨询和办理。

图4-3　中国建设银行理财产品转让平台

由于是"二手"交易，转让功能在解决原始投资者流动性问题的同时，还附加了一项后续投资者的"捡漏"功能。即对于转入一方而言，由于多数转让者是出于缓解流动性的需要，为了提高交易效率，在多数情形下可能会在价格上进行一定的"折让"，以加速成交。这就类似于二手房的出售，若房主急于出售，多半会给予购房者一个比较大的折扣。理财产品的转让也存在类似的情况，后续投资者可以利用出售方急于出售的心理，获取一个更好的价格，实现更好的投资收益。

比如，某款6个月封闭式净值型理财产品，风险评级为PR1，原始投资者已经持有了4个月，挂单日的净值为每份1.02元。为了尽快成交，原始投资人按照每份1.018元的价格发起了转让信息申请。虽然他损失了少部分收益，但换来了更快的成交速度。而对于后续投资者而言，用2个月的持有时间拿到了比原先持有6个月预期收益率更高的收益率。

当然，由于并不是所有的银行都推出了理财产品转让系统，而且推出转让平台的银行当前总体的活跃客户数量相对偏少，交易撮合时间可能仍然偏长；另外，由于是自建平台，而且缺乏公开市场报价，交易难以准确反映产品的公允价值，在解决原始投资者流动性的同时，也可能造成一定的损失；加之目前监管部门对此市场尚未出台相关规范，不排除操作过程中出现各类风险事件，因此建议大家到正规银行办理，并事前进行咨询。

最后举一个例子，结束本章的内容。

以本章写作时（2022年3月）在售的一款理财产品为例，列示一下涉及本章内容的产品要素，如图4-4所示。是不是顿时觉得对理财产品本身的大体模样有了清晰的认识？

产品名称	工银理财·鑫得利固定收益类封闭理财产品（22GS2633）
运作方式	封闭式净值型
发行方式	公募
产品类型	固定收益类
收益类型	非保本浮动收益型
风险评级	PR2
产品期限	412 天
业绩比较基准	3.15% ~ 3.35%（年化）
认购起点金额	1 元起购
流动性安排	不支持抵押
其他要素信息	中国工商银行代销的旗下理财子公司的产品，计划发行量100 亿元

理财产品详情

产品代码	22GS2633
产品名称	工银理财·鑫得利固定收益类封闭式理财产品（22GS2633）
币种	人民币
产品期限	412天
业绩比较基准	3.1500%-3.3500%
产品募集期	20220315-20220322

综合投资范围、策略等测算，不代表产品未来实际收益

理财产品说明书

购买

图4-4 工银理财·鑫得利理财产品（22GS2633）示例

可能有人会说，我对理财产品本身的信息知道得差不多了，如果要投资一款理财产品，什么时间买、怎么买、风险到底如何、我能不能买呢？别急，这正是后续几章要讲解的内容。

小贴士：

投研能力是银行决胜理财市场的核心竞争力

投资及配置能力与研究水平是资产管理行业的根本。长期以来，银行理财存在投研能力不足、大类资产配置能力整体偏弱、投资偏好相对单一的问题。在"资管新规"实施后，银行理财业务的资金池模式消亡，刚性兑付被打破，实现了净值化全面转型。面对与各类资产管理机构的竞争，银行要保持自身特有的优势，除继续加强渠道能力和基础设施建设之外，核心之处在于必须进一步提升投研能力。

投研能力的核心竞争力在于为客户提供长期的、稳定的风险调整后回报。而获取这一竞争优势的关键在于尽可能多地获取与金融市场、金融工具和投资组合等相关的全面知识，并识别出与投资价值及变化趋势相关的关键变量及其联系，结合客户风险偏好和约束条件，在此基础上形成恰当的决策并及时展开策略行动，快速获取或主动创设所需要的投资工具或资产，并在全程进行动态风险监控，防止出现重大失误。这一过程的关键则在于找到具有上述知识和洞察力的人才、组建团队并建立适合的决策体系。

传统上，在融资客户资源和信贷资产运作方面，在信用风险体系建设方面，在宏观政策研究、基本面分析，特别是对市场利率、汇率走势的分析研究方面，银行具有相当的竞争优势。延伸至银行理财业务，自然最擅长的领域是做流动性管理和债权类资产的投资，以熟悉的现金管理类和固定收益类产品为主打，逐步向混合类、权益类产品扩展，丰富产品谱系。

未来，全面投研能力势将成为投资者"选优"各类理财产品的重要参考和借鉴。相应地，市场格局也将自然分流，风险承受能力较低的投资者主要投向银行理财市场；风险承受能力较高的投资者，在银行理财市场之外，可以适当投向更多的证券、基金等权益理财市场。

第 5 章

银行拿投资人的钱去干什么了

银行理财产品属于资产管理业务，本质上是"受人之托，代人理财"。投资者购买理财产品的钱是委托给银行进行投资管理用的。投资者之所以能够获得比存款更高的收益率，就是因为银行将发行理财产品募集的资金投向了各项金融产品或金融工具，并从中取得了相应的收益。

当然，因为产品不再保本，若投资出现了亏损，返回到投资者的就不再是正收益，而是负收益了。这其中的缘由除了银行的投研能力外，本质上还在于各类金融产品或金融工具有其自身不同的特征和属性，也就蕴含了不同的风险，而不同的风险也就影响了不同的收益。

其中一个关键性的概念是无风险收益率。简言之，无风险收益率就是没有风险的投资产品的收益率。当然，之前我们强调过，没有百分之百安全的投资，所谓没有风险，更确切的是指风险极低。通常，我们用国债的收益率来表示，因为有国家信用的背书，其信用等级最高，可以看作近似无风险。任何超过无风险收益率的投资收益都要承担额外的风险，超过的数值越大，就代表承担的风险越大。因此，银行理财产品旨在获取比无风险收益率高的收益，就会投资在多种资产之上，相应地承担了比国债要大的风险。

5.1 主要投资资产概述

根据《中国银行业理财市场年度报告（2021）》的数据统计，理财产品资产配置以固定收益类为主，投向债券类资产（包括债券和同业存单）的余额最大，为21.33万亿元，占总投资资产的68.39%；而投向非标准化债权类和权益类的资产余额分别为2.62万亿元和1.02万亿元，分别占总投资资产的8.40%和3.27%。当然，开放式理财产品为了应对投资者的赎回需求，必须配置一部分资金在流动性极强的资产上，以备支付理财产品投资者的赎回款项。根据"理财新规"的要求，开放式公募理财产品应当持有不低于该理财产品资产净值5%的现金或者到期日在一年以内的国债、中央银行票据和政策性金融债券。所以，现金及银行存款也是一大投向，在2021年年底的存续余额中占比达到11.4%，如图5-1所示。

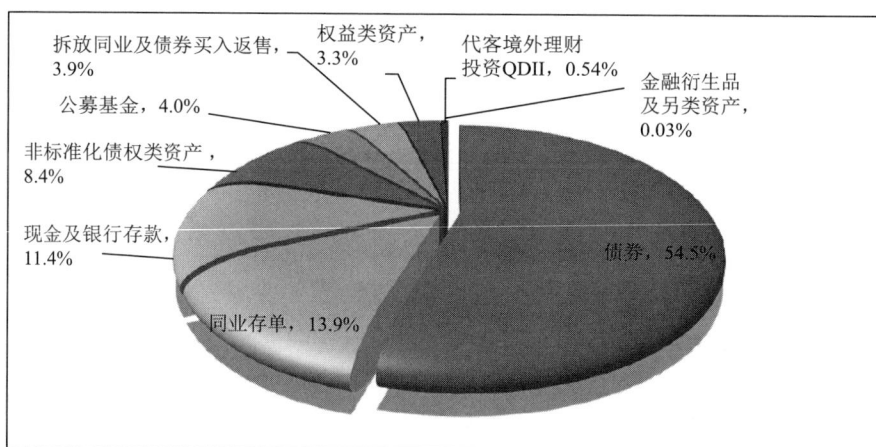

图5-1　截至2021年年底银行理财产品资产配置情况

下面我们就主要的投资资产分别进行概述。

5.1.1　债　　券

大多数普通投资者，可能没有购买过债券，对它不太熟悉，不但不如股票熟悉，甚至不如基金、理财、保险、信托等产品熟悉，会觉得债券对于理财来说不太重要。其实，这是一个很大的误解。债券作为金融工具，比基金、保险、信托等重要得多，因为它是其他投资产品或投资组合的最主要的底层资产，我们购买的银行理财产品基本上都会配置大比例的债券。

统计数据显示，2021年债券市场共发行各类债券61.9万亿元，截至年末，债券市场托管余额为133.5万亿元。也只有如此大体量的市场，才能提供近30万亿元银行理财产品规模的发展空间。

债券的种类繁多，市场还时不时地创造出一些新的品种来。但它的基础原理其实很简单，就是债券发行人，比如政府或者企业，需要资金，就跟你借，然后打一个借条，在借条上写明本金、利息、期限、还款计划等。这个借条就是债券。如果你购买了债券，收益就在这个借条里面固定下来了，因此债券也叫作固定收益证券，简称固收。当然，债券的收益也不是真的固定不变的，这个留待后面我们再加以说明。

回到债券比较官方的定义上来，债券是政府、金融机构、工商企业等机构直接向社会借债筹措资金时，向投资者发行，并且承诺按一定利率支付利息并按约定条件偿还本金的债权债务凭证。作为一种标准化的固定收益类资产，债券是理财产品重点配置的资产，也是理财产品最主要的投资资产。

债券按照发行主体又可以分成两大类，即以政府机构发行为主的利率债和以企业发行为主的信用债。利率债的发行人基本上都是国家或有中央政府信用做背书、信用等级与国家相同的机构，可以认为不存在信用风险，主要受利率变动影响；而信用债的发行人则几乎没有国家信用做背书，需要考虑信用风险，受到发行人作为经营主体的经营状况的影响，其和利率债之间会存在一个弥补风险的"信用利差"。

利率债主要有国债、政策性金融债、央行票据、地方政府债券。信用债包括其他机构发行的各种债券，主要包括普通金融债、企业债、中期票据、短期融资券、资产支持证券、可转债、可交换债券等。

1. 国债

国债，又称国家公债，是由国家发行的债券，是中央政府为筹集财政资金而发行的一种政府债券，是中央政府向投资者出具的，承诺在一定时期支付利息和到期偿还本金的债权债务凭证，又称其为国库券。其具有最高的信用，被公认为是最安全的投资工具。

由于国债一般以国家为主体发行，这样就造成了国债的发行额相比其他债券更为庞大，也促进了一个十分发达的二级市场的形成。在二级市场中，国债的自由买卖和转让也就变得非常便捷，在任何时候都可以很好地出手，具备高流动性。

国债的发行期限可长可短，一般为3年和5年，利率也随着时间的增长而增大。根据之前介绍的无风险收益率的理论，国债收益率就相当于各个期限的无风险收益率，是投资品种中风险最小的品种。目前，国债的收益率一般在2%～3%，这是整个债券市场非常具有参考性的利率，该利率的涨跌直接影响到整个债券市场的情绪。由于国债有国家信用做保障，且发行量较大，所以国债的流动性非常好，每天都有大量的成交。图5-2所示为2022年3月31日债国债收益率曲线（到期）。

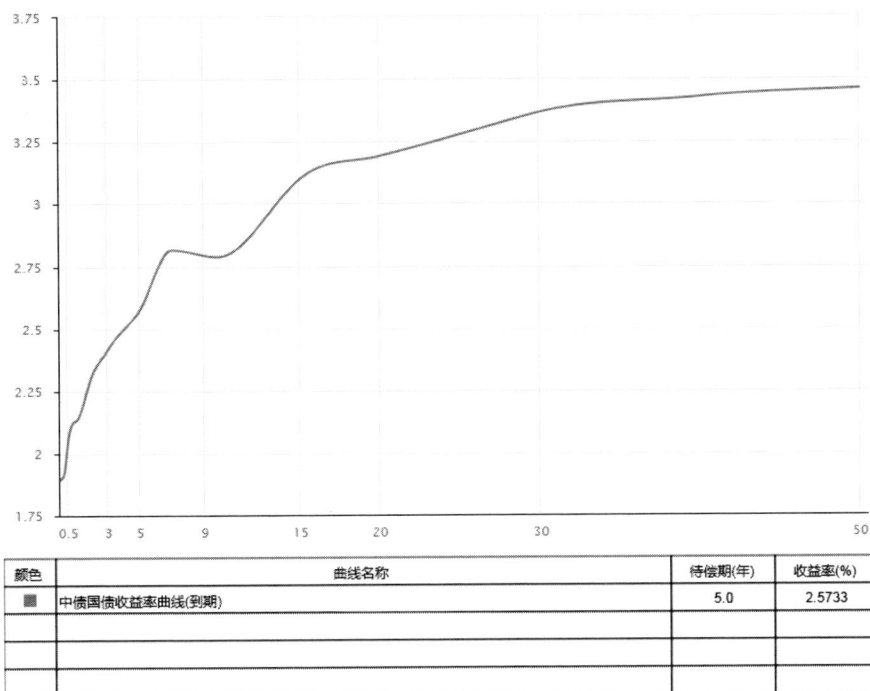

颜色	曲线名称	待偿期(年)	收益率(%)
■	中债国债收益率曲线(到期)	5.0	2.5733

图5-2　2022年3月31日中债国债收益率曲线（到期）

对于理财产品来说，国债的作用主要体现在打底资产，通过配置国债积累安全垫，同时增加整个组合的流动性。但是，想要通过投资国债赚大钱，基本上难度很大。国债收益率就相当于各个期限的无风险收益率，是投资品种中对应期限的最低利率。

2. 政策性金融债

政策性金融债是我国政策性银行（国家开发银行、中国农业发展银行、中国进出口银行）为筹集信贷资金，向机构发行的金融债券。这是我国债券市场中发行规模仅次于国债的券种。

政策性金融债的期限以中长期居多，由于政策性金融机构毕竟不是国家，其信用评级略低于国家的信用评级，所以其收益率要高于国债收益率，毕竟投资者多承担了一些风险，需要从收益率上得到一些补偿。图5-3所示为2022年3月31日中债政策性金融债收益率曲线（到期）。政策性金融债的收益率多比同期限国债高几十个BP（Basis Point，基点）。一般政策性金融债的投资者为机构投资者，所以说银行理财产品降低了普通投资者的投资门槛，让普通投资者也可以参与到此类市场中去。

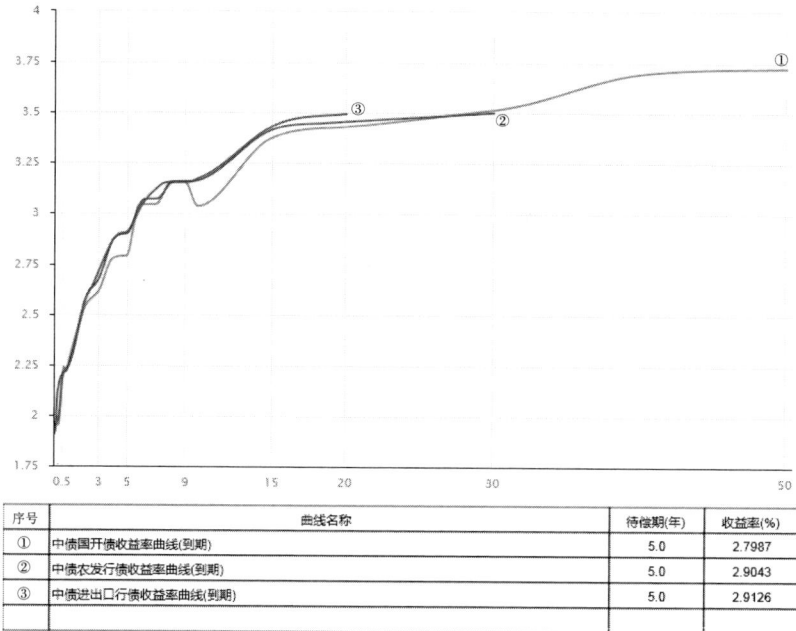

序号	曲线名称	待偿期(年)	收益率(%)
①	中债国开债收益率曲线(到期)	5.0	2.7987
②	中债农发行债收益率曲线(到期)	5.0	2.9043
③	中债进出口行债收益率曲线(到期)	5.0	2.9126

图5-3　2022年3月31日中债政策性金融债收益率曲线（到期）

3. 央行票据

所谓央行票据，就是中央银行票据，是中央银行为调节商业银行超额准备金而向商业银行发行的短期债务凭证，其实质是中央银行债券。它的发行对象为公开市场业务一级交易商，即大中型商业银行。之所以称为"中央银行票据"，是为了突出其短期性特点，通常为几个月期限。

央行票据与金融市场各发债主体发行的债券具有根本性的区别：各发债主体发行的债券是一种筹集资金的手段，其目的是筹集资金，即增加可用资金；而中央银行发行的央行票据是中央银行调节基础货币的一项货币政策工具，目的是减少商业银行可贷资金量。商业银行在支付认购央行票据的款项后，其直接结果就是可贷资金量的减少。

由于央行票据的政策功能性比较强，期限多为中短期，且主要体现政策性目的，所以央行票据的收益率一般较其他债券的收益率低。银行理财产品投资央行票据，主要是为了调节投资组合的流动性，使其更加稳健、安全。

4. 地方政府债券

地方政府债券，简称"地方债券"，也可以称为"地方公债"或"地方债"，它是地方政府根据本地区经济发展和资金需求状况，以承担还本付息责任为前提，向社会筹集资金的债务凭证。

地方政府债券的资金用途一般是支持地方建设，所以期限一般较长，截至2021年年底，地方债剩余平均年限为7.8年。其偿还保证主要是地方政府税收。地方政府信用参差不齐，使得地方政府债券的收益率的跨度也非常大。以信用最好的ＡＡＡ级政府债券为例，其收益率近似于同期限国债收益率。但如果是政府信用评级较差的地方政府债券，其收益率甚至会高于企业发行的信用债券收益率。截至2021年年底，从总体来看平均利率为3.51%，并有下行趋势。图5-4所示为2022年3月31日地方政府债券收益率曲线。

不过，要指出的是，截至2021年12月末，全国地方政府债务余额为304 700亿元，已经超过30万亿元，并且有集中到期的趋势，所以地方债的风险不容小觑。理财产品往往会在投资说明书中约定可以投资信用评级的范围，一般来说，理财产品可以投资的地方债信用评级都是比较高的，所以投资者不必过于担心，选择信用评级较高的地方政府债券投资能够较好地平衡风险和收益。

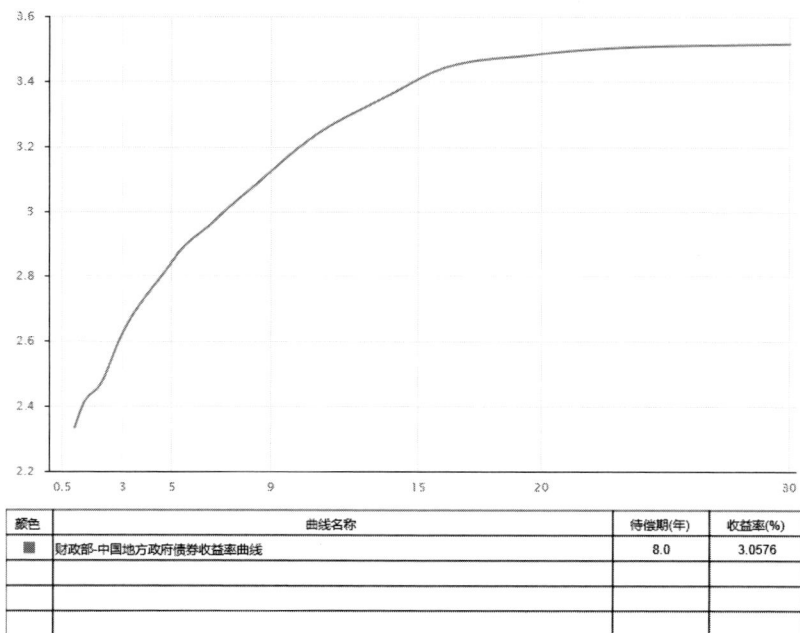

颜色	曲线名称	待偿期(年)	收益率(%)
■	财政部-中国地方政府债券收益率曲线	8.0	3.0576

图5-4 2022年3月31日地方政府债券收益率曲线

上述四类债券都是利率债，发行主体均是政府类机构，所以安全性非常高，且具有收益稳定、容量大、流动性好的特点，一般作为安全垫部分的投资。另外，对于开放式产品，监管政策要求必须持有一定比例的该类资产，以保证提供交易的流动性，保护投资者的利益。

与利率债形成鲜明对比的是，信用债则因发行主体更多、风险大小不一，无论是在收益率还是在品种的丰富性方面，表现出更多样化的特点。

中国的债券市场有一个特色，就是中国的债券市场是由多头监管的，发行的监管部门有发展和改革委员会（以下简称"发改委"）、证监会、中国人民银行（具体管理下放到了银行间交易商协会），但交易场所主要为两个——场内和场外，即交易所（上海证券交易所和深圳证券交易所）及银行间市场，分别由证监会和交易商协会监管。

三个监管部门分别有对应的债券种类，分为企业债、公司债和银行间债券市场非金融企业债务融资工具（以下简称"债务融资工具"），其中债务融资工具的细分品种较多，主要包括短期融资券、超短期融资券、中期票据、非公开定向债务融资工具等。公司债在交易所里交易，债务融资工具在银行间市场上交易，企业债可以跨两个市场交易。

5.1.2　四种发行量比较大的信用债品种

1. 企业债/公司债

企业债是指中华人民共和国境内具有法人资格的企业，依照法定程序发行，约定在一定期限内还本付息的有价证券。发改委审批的是企业债，证监会审批的是公司债，二者的主要区别除了审批机构的不同外，并没有特殊差异。企业债/公司债是企业外部融资的一种重要手段，是企业融资的重要来源，同时也是金融市场上重要的金融工具之一。

企业债/公司债之间的最大不同是各个公司之间的信用差别，具体表现为信用评级的不同。当公司的资金实力和还款能力成为投资的主要不确定性因素时，就需要一个统一的标准来对公司的信用风险进行量化，这就是信用评级。国际上有名的评级机构是穆迪、标普和惠誉这三家评级机构，国内比较有名的评级机构是大公国际资信评估有限公司、中诚信国际信用评级有限公司、联合资信评估有限公司、鹏元资信评估有限公司这四家公司。通过信用评级，确定公司债的风险溢价水平,从而决定了公司债的发行利率,也决定了发债公司的融资成本。

所以,信用评级的高低是影响企业债/公司债收益率的最主要因素。由于评级的种类有很多,所以对于企业债/公司债的投资者来说,可以选择的空间非常大。激进型投资者为了追求高收益,可以选择一些信用评级不高的债券作为投资对象;而保守型投资者则可以选择一些信用评级较高的债券进行投资,进而获得稳定的收益。

在国际上,一般将信用评级在BBB级以下公司发行的债券称为"垃圾债",也叫"高收益债",泛指那些风险和收益率都比较高的债券。

对于银行理财产品而言,由于其对安全性的要求比较高,因此通常投资于ＡＡ+以上评级的债券。ＡＡ评级以下的企业债,其收益和风险都急剧升高,一般不会进入银行理财产品的投资范围。图5-5所示为2022年3月31日ＡＡ级以上企业债收益率曲线(到期)。

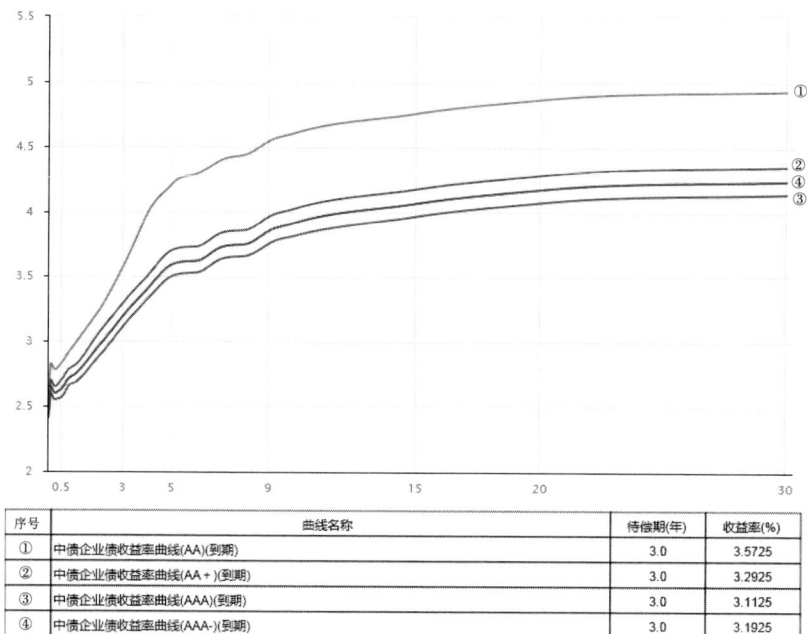

序号	曲线名称	待偿期(年)	收益率(%)
①	中债企业债收益率曲线(AA)(到期)	3.0	3.5725
②	中债企业债收益率曲线(AA＋)(到期)	3.0	3.2925
③	中债企业债收益率曲线(AAA)(到期)	3.0	3.1125
④	中债企业债收益率曲线(AAA-)(到期)	3.0	3.1925

图5-5　2022年3月31日ＡＡ级以上企业债收益率曲线(到期)

2. 超短期融资券（SCP）

超短期融资券是指具有法人资格、信用评级较高的非金融企业在银行间债券市场上发行的期限在270天以内的短期融资券。

与普通的短期融资券相比，超短期融资券的特点绝不仅仅在于期限更短。超短期融资券具有三个特点。第一，信息披露简洁。超短期融资券的发行企业信用资质较高，在公开市场上有持续债务融资行为，信息披露充分，投资者认可度高，因此，企业如已在银行间债券市场上持续披露财务信息和信用评级报告等有效文件，在发行时可不重复披露。第二，注册效率高。根据有关规定，超短期融资券采取一次注册、分期发行的方式，且后续发行不需要提前备案，进一步缩短了注册备案时间。第三，发行方式高效。发行公告时间由原来的5天或3天缩短为1天，缩短了公告时间，使得发行人可根据市场情况和资金使用需求，灵活安排资金到账时间。

因此，超短期融资券一经推出，便受到市场的广泛欢迎。以2021年度累计发行量计算，约占总发行量的50%以上，成为发行量最大的债券，如图5-6所示。同时，由于超短期融资券的发行期限短、发行主体资质高，所以期限对收益率的影响不大，影响收益率的决定性因素在于发行主体的信用评级。

对于银行理财产品而言，超短期融资券由于期限短，理财产品可以持有到期，二者在期限上较为匹配，投资超短期融资券可以获得较好的收益。同时，由于超短期融资券在银行间债券市场上发行和交易，而银行多作为承销商和投资人，具有筛选和投资方面的天然优势。

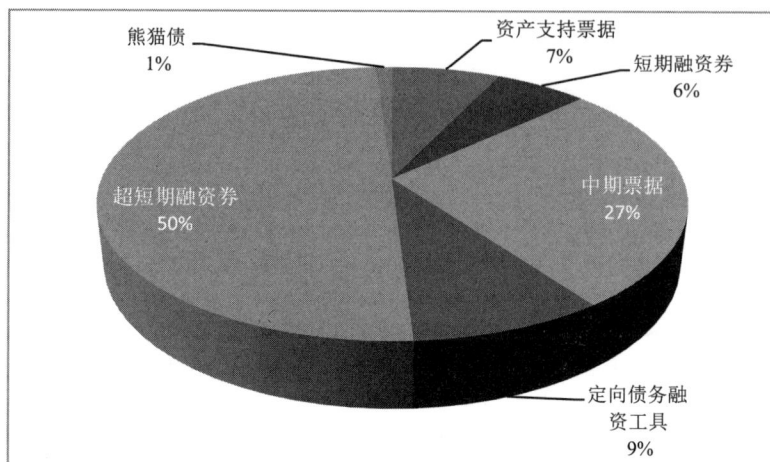

图5-6　2021年度债务融资工具分品种发行量占比

3. 中期票据（MTN）

中期票据是指具有法人资格的非金融企业在银行间债券市场上按照计划分期发行的，约定在一定期限内还本付息的债务融资工具。中期票据除了待偿还余额不得超过企业净资产的40%外，不存在其他硬性规定，是一种非常灵活的债务融资工具。中期票据常见期限多为3～5年。

相比企业债/公司债通常都是一次性、大规模足额发行的，中期票据的优势在于其发行规模极其灵活，可以多次、小额发行，且同一次注册下的中期票据可以有不同的期限和定价，因而受到广大企业的青睐。目前，在银行间债券市场上，中期票据是仅次于超短期融资券的发行量最大的券种，以2021年度累计发行量计算，约占总发行量的1/4。

和其他债券定价一样，中期票据同样也主要是依据发行人的信用等级来定价。多数中期票据的发行基础是信用发行，少数也有保证方式的。

中期票据对于银行理财产品而言，属于信用债投资的一种。通过认购和交易优质企业发行的中期票据,可以获得和投资企业债相似的收益率。同样,由于中期票据在银行间债券市场上发行和交易,而银行多作为承销商和投资人,具有筛选和投资方面的天然优势。

4. 定向债务融资工具(PPN)

定向债务融资工具是指具有法人资格的非金融企业向银行间债券市场特定机构投资人发行债务融资工具,并在特定机构投资人范围内流通转让的行为。由于该品种是以非公开定向发行方式发行的,所以称为非公开定向债务融资工具,又叫私募中票。

自2011年4月定向债务融资工具推出以来,作为银行间债券市场多层次制度体系的重要组成部分,PPN因具有注册程序便捷、信息披露灵活、参与各方可根据个性化需求而创设、可以突破累计发行债券余额不得超过公司净资产40%的限制等特点,受到市场的广泛欢迎。近年来,发行人、主承销商参与度不断提升,PPN二级市场的流动性持续改善,投资人队伍日益成熟,在支持实体经济发展方面发挥了积极作用。从2021年的发行量来看,定向债务融资工具排第三;而托管量则仅次于中期票据的规模,排第二,见表5-1。

表5-1　2021年年底债务融资工具分品种托管量统计

债券类型	托管量(亿元)
超短期融资券	18 792
定向债务融资工具	24 064
短期融资券	5 332
资产支持票据	9 163
中期票据	81 066
项目收益票据	166

从发行利率来看,由主承销商、发行人和投资者商定,不受贷款利率管制,发行利率略高于同资质同期限公募中期票据。对于银行理财产品而言,可以充分发

挥主承销人和客户关系的优势,在优选安全性较高的基础上,获取较高的收益。

其他还有很多的债券品种,如商业银行债、可转债、可交换债、城投债、资产支持证券等,在此就不再赘述了,有兴趣的读者可以自行查阅。

上述债券都是商业银行和理财产品可以投资的范围,特别是政策性银行债和商业银行债,更是银行理财产品的重要投资方向。统计数据显示,包括银行理财产品在内的各类资产管理产品,分别持有政策性银行债和商业银行债的存量占比在2021年年底高达43.74%和27.61%。

5.1.3 债券价格的波动规律

最后,再回答一个前面的疑问:债券作为固定收益类理财产品,收益真的固定不变吗?

我们一般说债券的收益固定,有两个前提条件,缺一不可:一是投资者购买了债券之后会持有到期,不买也不卖;二是购买的债券不会违约。

事实上,总有灰犀牛和黑天鹅出现。两个条件经常出现另外的情形。第一个例外情形是持有到期有时很难,不管是投资者还是理财产品,总要保留一定的流动性,在需要钱的时候可以快速变卖资产以获得现金。如果在需要钱的时候,债券还没有正常到期,需要在市场上出售,就可能遭遇市场风险。

举个例子:假设理财产品购买了1亿元的约定票面利息3%、每半年付息、三年后到期还本的某债券。两个月后,为了应对开放日投资者的赎回,准备卖掉该债券,在通常情况下是不会按照本金加上两个月的利息的价格卖掉的。因为这个债券的价格在市场上也是波动的,比如恰逢央行加息,同样性质的债券发行利率是3.5%。在市场利率上升之后,新发行的债券的利息是按照3.5%计算的,收益远比理财产品之前购买的3%高，因此市场中的其他投资者都去购买新债券了，旧债券的价格必须压低才能卖出去，也就是说旧债券的市场价格降低了。所以说，债券的收益要想固定，第一个条件就是投资者在购买之后会持有到期，完全放弃流动性；否则，就要承担债券价格波动的风险，我们可称之为"利率风险"。

债券价格波动的基本规律就是随着市场利率的变化而反向变化：市场利率上升，债券价格下降；市场利率下降，债券价格上升。在这里要特别理解债券的收益率（利率）与债券价格之间成反比的关系。这源于多数挂牌交易的债券采取的"净价交易、全价结算"规则。稍加说明如下：

所谓"净价交易"，是指在现券买卖时，以不含有自然增长应计利息的价格报价并成交的交易方式。所谓"全价结算"，是指在进行债券现券交易清算时，买入方除按净价计算的成交价款向卖方支付外，还要向卖方支付应计利息，在债券结算交割单中，债券交易净价和应计利息分别列示。

目前，债券净价交易采取一步到位的办法，即交易系统直接实行净价报价，同时显示债券成交价格和应计利息额，并以两项之和作为债券买卖价格；结算系统直接实行全价结算，以债券成交价格与应计利息额之和作为债券结算交割价格。

全价、净价和应计利息三者的关系如下：

全价=净价+应计利息

即：结算价格=成交价格+应计利息

在净价交易规则下，由于公司债券的交易价格不含有应计利息，所以其价格形成及变动能够更加准确地体现其内在价值、供求关系及市场利率的变动趋势。

举一个简化的例子：一年期发行利率为5%的债券，在购买的时候不是以100

元购买,到期兑付105元,而是发行人按照95.24元的价格发行,投资者购买后到期兑付100元,其中95.24元是本金,也是发行时债券尚无应计利息的净价,4.76元是应计利息。

假如投资者持有半年后需要卖出,在市场利率没有变化的情况下,债券结算交割价格为97.62元,其中成交价格为95.24元,应计利息为2.38元。

假如市场利率发生了变化,比如上升到6%,也就是说,同类同性质债券若要新发行,则需确定利率为6%才能发行出去。对于新债券而言,此时投资者只需要按照94.34元出价即可,一年后会兑付100元,其中应计利息为5.66元。

而对于旧债券而言,若投资者持有半年后需要卖出,则只能按照97.09元的价格进行结算,其中应计利息为2.38元,债券净价或者成交价格为94.71元,比当初的投资本金95.24元减少了0.53元。也就是说,由于市场利率从5%上升到6%,所以债券的交易价格从95.24元下降到94.71元。利率与债券价格成反比(对于接手的投资者而言,持有半年到期后收到的兑付金额为100元,其中投资本金为97.09元,应计利息为2.91元,年化收益率为6%)。

影响债券固定收益的第二个例外情形是债券违约。虽然还本付息是事先说好的,但前提是发行人有能力、有意愿还钱。如果发行人经营不善,没钱兑付,或者携款私逃,那么投资者的钱就回不来了,这个风险就是债券的信用风险。

在2014年以前,我国债券是刚性兑付的。在2014年以后,以"超日债"违约为标志,刚性兑付被打破。从那以后,发生了很多次债券违约事件,违约风险成为投资债券的重要风险。

当然,有可能违约的债券是信用债,利率也高;没有违约风险的债券只能是利率债,利率相应较低。银行理财产品投资债券,会根据产品设计和投资策略,进行组合投资。

此外，在理论上，所有的发行债券都可以根据债券利率在偿还期内是否变化，区分为固定利率债券和浮动利率债券。自然，固定利率债券是国际债券的传统类型，也是国际债券融资中采用最多的典型形式。

若有个别债券采取浮动利率，虽然可以避免债券的实际收益率与市场收益率之间出现重大差异，使发行人的成本和投资者的收益与市场变动趋势相一致，但债券利率的这种浮动性也使发行人的实际成本和投资者的实际收益在事前带有很大的不确定性，从而导致较高的风险。这个情形特殊就暂且按下不表了。

5.1.4　其他投资资产

1. 同业存单

同业存单是指由银行业存款类金融机构法人在全国银行间市场上发行的记账式定期存款凭证，是一种货币市场工具。它是商业银行主动债务管理的重要工具，主要发行期限为一年或三个月，可滚动发行，主要作用是拆入资金，具有不能提前赎回和利率市场化两大优势，类似于银行向金融机构发行的短期债券。通过同业拆借中心"同业存单发行系统"以电子化方式发行，可用作回购交易的标的，可以质押和转让。其投资和交易主体是银行、保险、基金等，是银行间存款的替代品。

同业存单的大发展始于2015年，因为从这时起，央行基础货币的投放方式从外汇占款转变为需要抵押品的新型货币政策工具（逆回购等）。中小银行因缺少合格抵押品而无法从央行直接获得资金，因此通过发行同业存单从大行拆入资金，促使同业存单出现爆发式增长。

从定义来看,同业存单的本质就是定期存款,可交易的银行间定期存款不属于债券,但它确实又类似于银行向金融机构发行的短期债券或超短期融资券,银行可以在当年发行备案额度内,自行确定每期同业存单的发行金额、期限,而且同业存单可以在二级市场上进行交易。事实上,在会计处理上,不同于同业存款,同业存单是按照债券形式进行记载的。

由于同业存单整体流动性较好、安全性较高,自2013年12月首期同业存单发行至今,该产品发展迅猛,作为流动性较好且信用风险较低的产品,已经成长为债券市场的重要组成部分。2021年同业存单的发行量为21.8万亿元,理财产品持有同业存单约4.3万亿元。图5-7所示为2022年3月31日ＡＡ级以上同业存单收益率曲线(到期)。

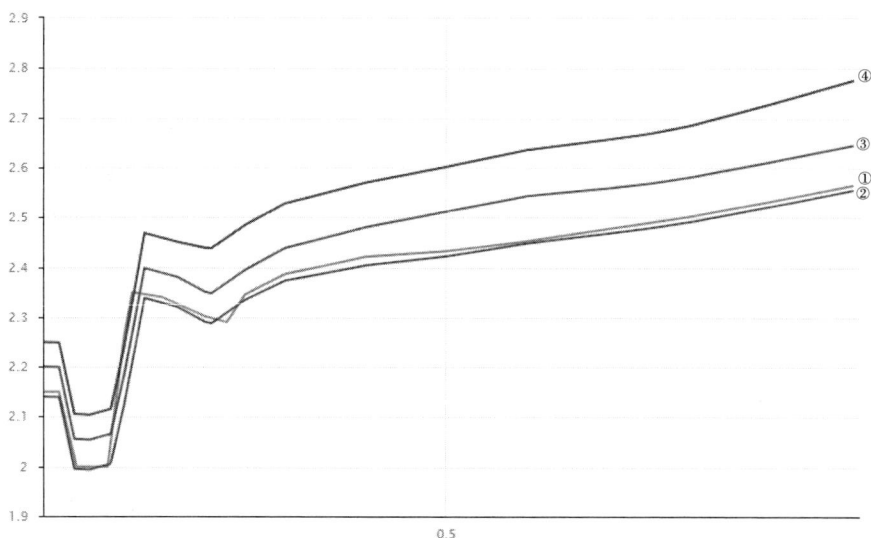

序号	曲线名称	待偿期(年)	收益率(%)
①	中债商业银行同业存单收益率曲线(AAA-)(到期)	1.0	2.565
②	中债商业银行同业存单收益率曲线(AAA)(到期)	1.0	2.555
③	中债商业银行同业存单收益率曲线(AA＋)(到期)	1.0	2.645
④	中债商业银行同业存单收益率曲线(AA)(到期)	1.0	2.775

图5-7 2022年3月31日ＡＡ级以上同业存单收益率曲线(到期)

2. 非标准化债权类资产

非标准化债权类资产，也就是俗称的"非标"，这在第2章讲述银行理财业务的发展历程中提到过。银行理财业务的飞速发展，其中也有"非标"的一份功劳。诚如所述，早在2006年3月，第一只银信合作的"非标"产品就诞生了，但其大发展还是在2009年之后，直到2018年，基本上可称之为"非标"的黄金十年。期间，"非标"在最辉煌的时候能占到理财产品投资资产的半壁江山。随着"资管新规"的发布，从2019年开始进入非标转标的震荡期，目前对理财产品投资"非标"有了明确的限制，但仍然可以投资。

从客观来看，"非标"的出现在利率市场化的背景下为银行提供了实现业务转型、增加中间业务收入的手段，也更好地满足了实体企业多元化的融资需求，反映了实体经济发展、金融体系转型与银行业自身变革的共同需求。但是，该类业务游离于监管之外，在透明度、规范性方面有所欠缺。

在此情况下，为了防范监管套利与风险积聚，银监会于2013年发布了"8号文"《关于规范商业银行理财业务投资运作有关问题的通知》，将"非标准化债权类资产"定义为"未在银行间市场及证券交易所市场交易的债权性资产，包括但不限于信贷资产、信托贷款、委托债权、承兑汇票、信用证、应收账款、各类受（收）益权、带回购条款的股权性融资等"，并对理财产品投资"非标"的规模进行了限制。"非标"资产的业务形式有银信合作、票据双买断、同业代付、信托受益权转让、买入返售银行承兑汇票同业偿付、银证合作等。

监管政策对"非标"进行规范，并不是认为"非标"就等同于非法或违规。"非标"的出现，或者说商业银行开展"非标"业务，在以间接融资为主的市场体系中，有其客观规律和市场需求，只是因为其中存在一定的风险隐患，所以需要加以规范和完善。"8号文"及此外的法规并没有禁止"非标"投资，而仅仅对其投资规模进行了一定的限制，要求银行全部理财产品投资于非标准化债权类资产的余额，在任何时点均不得超过理财产品净资产的35%，也不得超过本行上一年度审计报告披露总资产的4%。

后来，"资管新规""理财新规"和《商业银行理财子公司管理办法》等法规的发布，又进一步明确了相关定义和要求。凡是标准化债权类资产之外的债权类资产均为非标准化债权类资产。同时规定，不得将理财资金直接投资于信贷资产，银行理财产品不得直接或间接投资于本行信贷资产受（收）益权，面向非机构投资者发行的理财产品不得直接或间接投资于不良资产受（收）益权。

2020年7月还专门发布了《标准化债权类资产认定规则》，对标准化债权类资产进行了更加细致的认定。具体来看，非标准化债权类资产主要包括三类：

一是理财直接融资工具（银行业理财登记托管中心有限公司）、信贷资产流转和收益权转让相关产品（银行业信贷资产登记流转中心）、债权融资计划（北京金融资产交易所）、收益凭证（中证机构间报价系统股份有限公司）、债权投资计划和资产支持计划（上海保险交易所）以及上海票据交易所流通的相关产品。

二是不满足"（1）等分化、可交易；（2）信息披露充分；（3）集中登记；（4）公允定价；（5）在银行间市场、交易所市场等国务院同意设立的交易市场交易"五个认定条件的、为单一企业提供债权融资的各类金融产品。

三是除固定收益类公募基金之外的其他固定收益类公募资产管理产品，具体包括公募银行理财（如现金管理类产品）以及资金信托计划等。

值得说明的是，在以间接融资为主的金融体系中，银行具有海量的信贷客户，不管中间叠加什么交易结构，非标债权在本质上仍是贷款属性。政策允许理财产品可以投资相当比例和规模的非标准化债权类资产，这样，在银行对信贷客户进行优选的基础上，就能够为银行理财产品输送大量的高收益优质投资标的。这类资产的收益往往比标准化资产的收益要高不少，可以有效提升投资组合的收益率水平，这也是银行理财产品相比其他资产管理产品具有独特优势的地方。

3. 权益类资产

所谓权益类资产，一般是指公司股票或投资公司股票的基金产品，典型的权益类资产就是普通股和股票型基金。拥有权益类资产，也可以理解为拥有这项资产的全部或者部分所有权，也享有这部分资产产生的收益，当然，也需要承担相应的风险。从形式上来看，权益类资产包括上市公司股票和非上市企业股权。投资股票，可以直接投资股票，也可以通过投资股票型基金而间接投资股票。

股票型基金就是以股票为主要投资对象的基金，如此命名是相对于债券型基金、货币市场基金等其他类型的基金而言的。市面上大多数的基金都是股票型基金。一般来说，股票型基金的收益较高，但投资的风险也较大。

权益类资产具有高收益、高风险的特征。以沪深300和沪深500为例，股票资产的平均年化收益率在10%左右，处于较高水平。从长期来看，股指收益率曲线普遍向上。这种上升的趋势来自相应企业的价值创造和整体经济的持续发展。同时，波动性也是权益类资产的重要外部特征。股票指数上下波动，股票价格也可能发生大幅波动，特别是在有限的时间内。这也为持有该类资产带来了较高的风险。

按照规定，商业银行发行的私募理财产品可以直接投资股票，也可以发行公募理财产品，通过公募基金间接投资股票；而理财子公司发行的公募理财产品则可直接投资股票。所以说，目前银行理财资金进入股市的通道是畅通的。

银行理财资金投资权益类资产，发挥专业理财优势，通过增厚策略，可以为固定收益类理财产品提供较高的收益，也可以在其他类型的理财产品中广泛配置，从而在风险相对可控的前提下取得较好的收益。随着大资产管理行业监管政策的拉平，追求绝对收益水平的银行理财产品将会越来越多地投资于权益类资产。

4. 公募基金

理财资金除可投资股票型基金外，还可投资其他各种公募基金，包括货币基金、债券基金、混合型基金等。在产品净值化转型的背景下，银行理财有追求收益的强烈诉求，但在短期内受限于业务经验和研究能力，银行理财除了直接投资公募基金外，还可能采取委外形式进行资金运作。而公募基金在银行理财资金委外竞争中，相比其他资产管理产品而言，具备较大优势，银行理财委外向公募基金倾斜是大势所趋。

理财资金投资公募基金，就是选择符合自己产品定位和策略的基金，直接买入持有，并获取收益。银行理财产品投资基金，相比普通投资者投资基金而言，具有额外的优势。

一是可以平滑收益，减少净值波动。由于基金本身的特点之一就是分散投资、分散风险，所以，通过投资基金品种，可以进一步减少理财产品的净值波动，避免大涨大跌，有助于维护理财产品净值的稳定。

二是可以扩展自身难以投资的领域。基金从本质上来讲就是一揽子股票或其他产品的合集，购买基金也就是购买了一揽子股票或其他产品。通过这种间接的方法，可以让理财产品投资到其本身难以投资到的领域。例如，某只优质股票可能会因为重大事件停牌，通过股票投资无法买入该产品，但是可以通过申购此股票的基金产品，进而间接持有股票。

三是可以通过大规模投资降低费用支出。一般的非货币基金都会有比例不一的申购费，申购费随着购买金额的增大而减小，投资金额小的可以达到1.5%的费率水平，500万元以上的申购费可以降为单笔仅收取1 000元的水平。多数基金对理财产品还会在申购费费率上进行打折。所以，理财产品投资基金可以有效地降低申购费，减少投资成本。

四是可以获取更为充分的有价值信息。和普通投资者不同，银行作为投资的"金主"，会有更多的话语权和谈判优势。银行理财产品投资人可以见到普通投资者无法见到的基金经理和投资团队，交流基金下一步的投资策略，这些都可以给投资价值带来正面影响。

其实，银行投资的基金并不一定是市面上发行的基金，还有很多是通过基金子计划的形式进行的委外资金投资。所谓委外业务，就是银行委托外部机构进行投资管理。这里的外部机构多指基金公司、保险公司、证券公司和信托公司等机构，通过发行标准化的投资产品和银行理财产品进行对接，代理银行理财产品进行投资。

委外业务的起源是，随着商业银行的理财业务发展，自营资金规模加速增长，但其自身投资团队的管理规模和能力无法匹配，于是委托投资就成为一条重要的资产配置渠道。银行通过和基金公司合作，将理财资金投资到基金公司发行的委外产品上，进而获取收益，这个流程是更多的理财产品参与基金投资的形式。从现有银行的操作模式来看，委外业务的模式主要分为两种，即产品模式和投顾模式。在产品模式下，理财产品作为出资人，通过基金专户或者证券公司资产管理计划、信托计划的模式，实现收益分配。在投顾模式下，委托账户交易发生在银行自己的系统和托管账户内，由投顾管理人发出买卖指令，指导银行交易员进行操作。在进行委外的过程中，一般银行会提出一个目标收益率水平，通常会比自己直接投资的目标收益率水平高一点。

委外产品的收费方式也和普通基金的收费方式有所区别。一般委外产品是不收取手续费的，而是预设一个超额业绩分成比例，比如4%，超过这个收益水平，则委外机构和银行进行业绩分成，达不到的不分成。这样，一方面，银行省下了不少手续费；另一方面，激励委外机构更好地投资运作理财资金。

在未来一段时期内，银行理财产品的基金委外业务将会持续增长，这主要得益于以下几方面的原因。

一是基金公司投研实力雄厚。基金公司经过20多年的发展，在投资研究、产品布局、合规风控、队伍建设等方面积累了宝贵的技术经验，也获得了优秀的投资业绩。银行通过委外与公募基金合作，能迅速切入自己并不擅长的领域，丰富产品类型，降低投研成本，学习公募基金的成熟经验。在某些情形下，还能通过与实力强大的公募基金合作发行爆款产品，增强客户黏性。这些都充分契合了银行理财转型期最迫切的需求。

二是可以享受政策红利优势。在《标准化债权类资产认定规则》颁布后，明确固定收益类公募基金是标准化资产，不受"非标"资产金额与期限匹配等要求的限制。同时，"资管新规"全面禁止多层嵌套，资产管理产品不得再投资公募证券投资基金以外的产品，豁免了公募基金"只能加一层委外"的限制，只有投资公募基金可以嵌套两层。这使得银行委外公募基金具有天然的政策优势。

三是可以获取高于自己投资的收益。由于银行自身对流动性的需求量较大，且负债成本较低，一般而言，银行自营不加杠杆是可以覆盖成本的。然而，理财的情况却相反，如果65%的标准化债券投资不能加杠杆，就不能给理财投资者提供较为理想的收益，也就是说不能增厚收益。特别地，通过委外，银行还多了一道风险隔离的屏障。在极端情况下，委外亏损了，也可能通过继续委外将市场或信用风险造成的净值亏损风险转变为流动性风险，从而进行缓释。

四是可以借助公募基金的"节税"优势。自2018年1月1日起，对资产管理产品正式开征增值税。在各大资产管理产品发行机构中，公募基金的"节税"优势分外明显。按照《关于资管产品增值税有关问题的通知》的规定，资产管理产品发行机构需要缴纳3%的增值税。而根据《营业税改征增值税试点过渡政策的规定》，证券投资基金管理人运用基金买卖股票、债券免征增值税。在所得税方面，公募基金也拥有明显的"节税"优势。根据财政部、国家税务总局发布的《关于企业所得税若干优惠政策的通知》，证券投资基金从证券市场中取得的收入，包括买卖股票、债券的差价收入，股权的股息、红利收入，债券的利息收入及其他收入，暂不征收企业所得税；投资者从证券投资基金分配中取得的收入，暂不征收企业所得税；证券投资基金管理人运用基金买卖股票、债券的差价收入，暂不征收企业所得税。而其他资产管理产品发行机构并无明确的相关免征税规定，还需要依据所得收益缴纳25%的所得税。

从储蓄文化到理财文化，投资者既要高收益又要低波动，就意味着资产配置文化需要一个走向成熟的过程，这就对资金管理方提供多元产品有了要求。银行理财通过与公募基金合作，可以取长补短、实现双赢。未来，银行理财产品投资公募基金仍将是一个重要的投资方向。

5. 拆放同业与债券买入返售

拆放同业与债券买入返售作为货币市场上两个常见的金融工具，也是理财产品投资的重要品种。

拆放同业，简单地说就是某银行头寸在一定期限内有多余的一笔钱，便把这多余的一笔钱无担保地借给同业,按照拆放利率收取利息的一种业务。拆借期限最短为一天,最长为一年。对银行理财产品而言,拆放同业成为资金的一个投资方向,能在保持流动性的同时获取相应的收益。

既然说到了拆放同业,就不得不提一提Shibor。Shibor是指上海银行间同业拆放利率(Shanghai Interbank Offered Rate, Shibor),2007年由中国人民银行推出,由信用等级较高的18家报价银行组成报价团,各自自主报出人民币同业拆出利率,然后计算确定出算术平均利率(每个交易日根据各报价行的报价,剔除最高、最低各四家报价,对其余报价进行算术平均计算后,得出每一期限品种的Shibor,并于11:00对外发布)。它是单利、无担保、批发性利率,包括从隔夜到一年期的8个期限品种,形成了完整的期限结构,可为不同期限的金融产品定价提供有益的参考。Shibor反映的是对市场未来资金成本的预测。图5-8所示为2021年4月至2022年3月Shibor同业拆借利率。

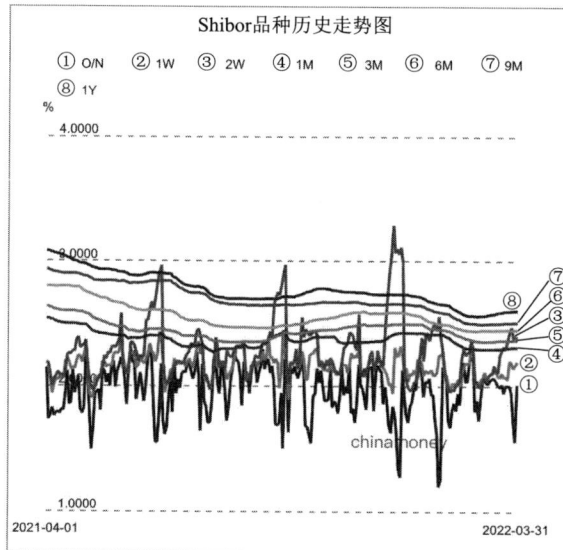

图5-8　2021年4月至2022年3月Shibor同业拆借利率

债券的买入返售业务就是债券"逆回购"。与拆放同业这种无抵押的信用方式相比，买入返售以债券作为抵押，因此，在一般情况下，利率相对低一点。买入返售实质上是一种期权合约，历来都是银行等金融机构的盈利法宝。

买入返售债券是指资金融出方与交易对手以合同或协议的方式，按一定价格买入交易对手的债券，到期日再按合同规定的价格将该批债券予以返售。这种业务实际上是以债券为依据向交易对方融出资金的，而债券并不真正转移，目的是获取买卖价差收入。

在债券投资市场上，债券的买入返售是非常常见的操作。理财产品投资债券的买入返售，相当于发放了一笔以债券为押品的短期抵押贷款。当债券到期"返售"给交易对手时，则把债券的抵押权还给对方，对方支付相应的本金和适当利息。

例如，甲方是银行理财产品，乙方缺钱但拥有某上市公司1 000万元面值的公司债券。现在甲方和乙方签订如下协议：甲方于2022年4月1日支付给乙方980万人民币用于购买这1 000万元的债券，同时甲方拥有于2022年5月1日将该笔债券以983万元的价格再回售给乙方的权利。届时，甲方相当于投资980万元一个月的时间，获取了3万元的利息收入，相当于年化收益率大概为3.7%。

6. 其他资产

理财产品投资的范围除了上述主要的品种外，还有很多，诸如期货、期权、利率互换、另类投资等，有的比较复杂，有的比较少见，在理财产品投资标的中占比非常小，这里不再赘述，有兴趣的读者请自行学习。

最后提示一下，我们经常见到有的投资标的笼统地表述为货币市场工具，这是什么意思？要说货币市场工具，首先要知道什么是货币市场。简而言之，货币市场是指期限在一年以内的金融资产交易的市场，该市场的主要功能是保持金融资产的流动性，以便随时转换成可以流通的货币。与大家熟悉的资本市场相比，货币市场在金融产品或金融工具的期限上存在很大的不同。通常，资本市场是指所交易的金融资产到期期限在一年以上或者没有到期期限的金融市场，如股票市场、中长期国债市场、中长期银行贷款市场等。

在货币市场上的交易工具即货币市场工具。主要的货币市场工具有短期国债、大额可转让存单、商业票据、银行承兑汇票、回购协议等，一般都是具有债务契约、期限在一年以内、本金的高度安全性等特性。从某种意义上讲，货币市场工具约等于现金等价物，能够随时以较低的成本转换成现金。

"理财新规"要求，开放式公募理财产品应当持有不低于该理财产品资产净值5%的现金或者到期日在一年以内的国债、中央银行票据和政策性金融债券。而货币市场工具正好符合该要求。当然，其他非货币市场工具也能在较短时间内转换成现金，但面临更大的不确定性，或者会付出更高的成本。

5.2　不同类型产品的投资比例要求

如本书第4章所提及，根据投资性质的不同，理财产品可以分为固定收益类理财产品、权益类理财产品、商品及金融衍生品类理财产品、混合类理财产品四类。

根据定义，固定收益类理财产品是指投资于存款、债券等债权类资产的比例不低于80%的理财产品；权益类理财产品是指投资于权益类资产的比例不低于80%的理财产品；商品及金融衍生品类理财产品是指投资于商品及金融衍生品的比例不低于80%的理财产品；混合类理财产品是指投资于债权类资产、权益类资产、商品及金融衍生品类资产，且任意一种资产的投资比例未达到前三类标准的理财产品。

这样就规定了不同类别的理财产品，其允许投资的资产标的和比例，都是有一个基本的约束要求的。是什么产品就去投资什么标的，要做到表里如一。当然，产品管理人在相应类型产品的投资范围内会进行精心组合，同时也会灵活应用20%的机动范围，配合各种投资策略，以平衡或增厚产品收益。

我们再来看一下第4章提到的工行理财产品的例子。该款产品作为固定收益类产品，按照要求，必须确保投资于存款、债券等债权类资产的比例不低于80%。具体到该产品，投资范围主要定位在具有良好流动性的金融工具上，包括银行存款、大额存单、同业存单、债券回购、国债、地方政府债券、中央银行票据、政府机构债券、金融债券、公司信用类债券、资产支持证券等固定收益类资产，以及法律法规或中国银保监会允许投资的固定收益类金融工具，不会投资于权益类资产，可能会涉及一定的"非标"资产，见表5-2。总体可见，其投资风格相当稳健。

投资者从该理财产品的投向上就可以获知其初步风险，基本上属于较低的风险级别，可以放心投资，但相应地，对该产品的收益也不应有过高的期望。实际上，该产品的风险等级为PR2，业绩比较标准为3.15%～3.35%。

表5-2　工银理财·鑫得利固定收益类封闭理财产品（22GS2633）的投资标的和范围

产品名称	投资目标	投资范围
工银理财·鑫得利固定收益类封闭理财产品（22GS2633）	本产品的投资目标是在追求稳健收益的基础上，力争为产品份额持有人创造超额收益	本产品的投资范围为具有良好流动性的金融工具，包括银行存款、大额存单、同业存单、债券回购、国债、地方政府债券、中央银行票据、政府机构债券、金融债券、公司信用类债券、资产支持证券等固定收益类资产，以及法律法规或中国银保监会允许投资的固定收益类金融工具。各类资产投资比例范围如下： 资产类别：固定收益类 资产种类：货币市场工具、债券、其他符合监管要求的固定收益类金融工具 投资比例：100%

5.3 理财投资资产的估值方式

理财资金投资下去之后，面对组合中各类不同性质的资产，如何评价其投资成效呢？其实，现在要求理财产品进行净值化管理和定期信息披露，就可以充分实现对投资效果的实时评价。当然，最基本的还是如何对各类资产进行实时的价值评估。

2019年8月5日，中国银行业协会理财业务专业委员会发布了《商业银行理财产品估值指引（征求意见稿）》（以下简称《估值指引》），意见反馈截止时间为2019年8月20日。但三年多的时间过去了，直到现在（2023年5月），也没有正式发布。不过，在大的原则上，"资管新规"和"理财新规"已经做出了基本要求，《估值指引》也不可能违背。总的原则是：鼓励使用市值计量，在坚持公允价值计量的原则下，只有符合相关条件的产品，才可以适用例外原则，采用摊余成本法估值。该例外情形是指：只有所投金融资产以收取合同现金流量为目的并持有至到期，或者所投金融资产暂不具备活跃交易市场，或者在活跃交易市场中没有报价，也不能采用估值技术可靠计量公允价值的封闭式资产管理产品，可以采用摊余成本法估值。

所谓摊余成本法，即指在计算投资资产的市场价值时，将投资资产以买入成本列示，按照票面利率考虑其买入时的溢价或折价，在其剩余期限内摊销，每日计提收益。按照这种方法，产品净值在多数情况下都会表现为正收益，无法及时反映市场的波动。对采用摊余成本法进行核算的理财产品，应当采用影子定价的风险控制手段，对摊余成本法计算的理财产品净值的公允性进行评估。例如，备受青睐的现金管理类产品采用的就是"摊余成本+影子定价"的估值方法。表5-3所示为不同产品类型下的资产估值方式。

表5-3 不同产品类型下的资产估值方式

产品类型	资产估值方式
现金管理类产品	摊余成本法 + 影子定价
开放式产品	1. 市值法 2. 摊余成本法（封闭期在半年以上，需同时满足以下两种情形：①以收取合同现金流量为目的并持有至到期；②资产组合的久期不得长于封闭期的 1.5 倍）
封闭式产品	1. 市值法 2. 摊余成本法（需满足以下两种情形之一：①以收取合同现金流量为目的并持有至到期；②暂不具备活跃交易市场，或者在活跃交易市场中没有报价，也不能采用估值技术可靠计量公允价值）

相较摊余成本法，市值法下的产品净值波动更加频繁，可能在某个时间段内出现净值回撤，也可能出现净值加速上涨。它主要采用市场或第三方估值定价，再加上由于市值波动带来的估值损益，可以向投资者充分展示产品的净值风险。

因此，采用不同的估值方法，产品净值就会表现出不同的形式。在摊余成本法下，产品市值呈现为向上方倾斜的一条直线，随着资产持有期的增长，市值逐步增加；而在市值法下，由于考虑了资产的市价波动，所以产品市值呈现为波动状态。但当产品到期时，都需要按照约定收益或市场价格卖出，其总价值是一样的。

举一个简化的例子来说明：某理财产品投资了1亿元的年利率为3%的债券。

若采用摊余成本法，则债券票息收益3%会平摊到每一天，也就是按照3%÷365的收益率，再乘以初始投资金额，每天计提收益，并加入理财产品的资产价值上。因此，这笔资产每天的收益都是固定的，理财产品的市值不会上下波动，呈现为一条向上倾斜的直线。

若采用市值法估值，则要分两步计算：首先，债券票息收益3%仍然会平摊到每一天，也就是按照3%÷365的收益率，再乘以初始投资金额，每天计提收益，并加入理财产品的资产价值上；其次，由于债券在二级市场上交易，还有一个不断变化的市场价格，所以要在每个估值日，按照最新的第三方估值机构（如中证指数有限公司或中央国债登记结算有限责任公司等）提供的相应品种当日的估值净价，与债券初始购买价格进行对比，若高于初始投资价格，则在第一步计算得出的价值上加上该差额，反之则减去该差额。因此，由于每个估值日的市场价格随时会波动，导致同步反映到理财产品的市值上，自然也会上下波动。此时，产品的市值波动就是所谓的"浮盈"或"浮亏"，是暂时的呈现结果，并不代表产品的最终情况。在持有至到期后，则重归一致。

图5-9所示为两种估值方式下的投资回报/产品市值的影响和表现。

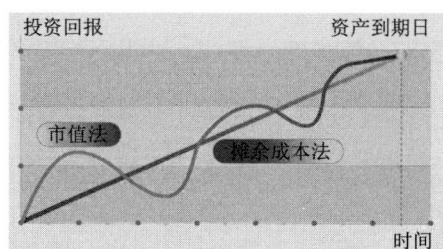

图5-9　两种估值方式下的投资回报/产品市值的影响和表现

对于理财产品的投资者而言，务必明了，之前的产品由于多数是用摊余成本法进行资产估值的，所以大家看到的产品市值基本上是稳定的。在新的形势下，理财产品按照要求，能用公允价值估值的，都会用市值法进行估值，所以理财产品的净值都是波动的。特别是对于短期产品，由于投资时间较短，理财投资的资产比如债券的票息收益，对短期可能的市值大幅波动的覆盖不足，其产品净值的波动幅度可能更大。

因此，大家要树立一个正确的理念，即持有期限的长短可能直接影响到自己的投资本金安全和收益水平，不要看到市值下降了甚或亏本了就急于赎回（可能的话），这样就真的"浮亏"变"实亏"了。此时建议尽量持有至到期，用时间换取价值的回归。

最后，我们具体看看工银理财·鑫得利固定收益类封闭理财产品（22GS2633）投资资产的具体估值方法，见表5-4。

表5-4 工银理财·鑫得利固定收益类封闭理财产品（22GS2633）投资资产的估值方法

产品名称	估 值 日	估值对象	估值方法
工 银 理 财·鑫 得 利 固 定 收 益 类 封 闭 理 财 产 品（22GS2633）	本 产 品 采 用 周 估 值 方 式。估 值 日 为 自 产 品 成 立 之 日 起 每 周 周 三，根 据 产 品 持 有 的 资 产 价 格 变 化 对 估 值 日 产 品 进 行 估 值，并 于 估 值 日 后 的 两 个 工 作 日 内 进 行 披 露。若 因 节 假 日 导 致 周 三 为 非 工 作 日，则 该 周 不 披 露 单 位 净 值。单 位 净 值 为 缴 纳 增 值 税 等 相 关 税 费 并 提 取 管 理 费、托 管 费、销 售 费 等 相 关 费 用 后 的 理 财 产 品 份 额 净 值，客 户 按 该 单 位 份 额 净 值 进 行 申 购 和 终 止（含 提 前 终 止）时 的 资 金 分 配	理 财 产 品 所 持 有 的 债 券 和 银 行 存 款 本 息、应 收 款 项、其 他 投 资 等 资 产 及 负 债	1. 货币市场工具类资产的估值 银行存款及回购（包含正、逆回购），以本金列示，按商定利率在实际持有期间内逐日计提利息。 2. 债券及同业存单类资产的估值 对于符合监管要求的债券及同业存单类资产，按摊余成本法进行计量。 其余债券及同业存单类资产，按市值法估值。市值法不能确定公允价值的，采用估值技术进行估值。 3. 债券类资产的估值 对于符合监管要求的债券类资产，按摊余成本法进行计量。 其余债券类资产，按市值法估值。市值法不能确定公允价值的，采用估值技术进行估值。 4. 证券投资基金的估值 （1）投资于非上市基金 ①境内非货币市场基金，按所投资基金估值日的份额净值估值。估值日未披露净值的，以其最近公布的基金份额净值为基础估值。 ②境内货币市场基金，按所投资基金前一估值日后至估值日期间（含节假日）的万份收益计算估值日基金收益。 （2）投资于交易所上市基金 ① ETF 基金、境内上市开放式基金（LOF）、境内上市定期开放式基金、封闭式基金，按所投资基金估值日的收盘价估值。 ②境内上市交易型货币市场基金，如所投资基金披露份额净值，则按所投资基金估值日的份额净值估值；如所投资基金披露万分（百分）收益，则按所投资基金前一估值日后至估值日期间（含节假日）的万分（百分）收益计提估值日基金收益。 ③如遇所投资基金不公布基金份额净值、进行折算或拆分、估值日无交易等特殊情况，则以其最近公布的基金份额净值或收盘价为基础估值。 5. 其他资产估值 其他资产存在并可以确定公允价值的，以公允价值计算；公允价值不能确定的，按照国家最新规定进行估值。 6. 以摊余成本法计量或以公允价值计量且其变动计入其他综合收益的资产，需按照会计准则规定采用合理的减值计量模型或第三方减值计量结果进行减值计提。计提减值不等同于金融资产已发生损失，仅为对未来风险的审慎预期。 7. 国家有最新规定的，按其规定进行估值。 8. 在任何情况下，投资管理人与理财产品托管人所共同认可的估值方式均视为客观、公允的估值方法。该产品估值均以产品公布的估值结果为准。 9. 在产品存续期间，若关于产品估值的监管规定发生变化，则本产品的估值方法也随之调整，工银理财有限责任公司将在调整前发布相关信息披露报告

5.4　杠杆经营

大家能够从前文中看到，主流的或多数理财产品都会投资到信用等级较高的固定收益类资产中，而且信用等级越高，其收益率也越低。比如前面提到的高等级债券，1～3年期限的，收益率也就在3%左右，甚至不到3%。如果不考虑其他情形，理财产品投资到这类资产上，并持有到最后，拿到票面收益，那么这个收益率水平是很难满足投资者对于理财产品的目标收益率要求的。为了增强理财产品的吸引力，在实务中，投资管理人在投资运作中会采取各种投资策略，来尽量谋取更高的收益率，满足投资者的期望。

投资策略有很多，利用杠杆进行增厚就是一种普遍应用的核心策略。下面结合例子简要说明一下加杠杆进行投资的策略。

第一步，买入债券。比如，理财产品可投资资金为1亿元，投资管理人决定将这1亿元的资金投资债券资产。债券资产的收益率是一年期4%。

第二步，将买入的债券质押给交易所，也就是卖出回购，与买入返售正好相反。由于债券是有价证券，且价值相对稳定和可控，所以债券质押的比率较高，在这里按照保守的60%比率进行质押。所以，这1亿元的债券可以质押出6 000万元的资金。当然，质押出去的资金并不是没有成本的，一般质押成本参考货币市场利率制定，在这里姑且简化认为是2.5%，期限是一年。

第三步，将质押出的资金再次买入债券，然后再次质押，将质押出的资金再次买入债券。即将质押出的6 000万元资金投资债券资产，然后将这6 000万元的债券资产再次按照60%的比率进行质押，可以获得3 600万元的资金，资金成本仍然是一年期2.5%；然后再次买入3 600万元的债券资产。

截至目前，1亿元的本金共购买了1亿元+6 000万元+3 600万元=1.96亿元的债券资产。

因为"理财新规"规定，商业银行每只开放式公募理财产品的杠杆水平不得超过140%，每只封闭式公募理财产品、每只私募理财产品的杠杆水平不得超过200%。在这里，通过质押操作，杠杆水平达到196%。虽然杠杆可以继续加下去，但是不能再加了（在以前不规范的时候，可以达到好几倍的杠杆水平）。

第四步，等待债券收益兑现。可以等待债券到期，也可以在二级市场上卖出债券。为了计算方便，这里持有一年到期。到期之后，可以获得持有债券的票面收益，收益为本金×利率，即1.96亿元×4%=784（万元）。再减掉质押融资的成本，即9600万元×2.5%=240（万元）。所以，通过杠杆操作，获得的净收益=784万元-240万元=544（万元）。所以，这一年的收益率是5.44%。投资4%收益率的债券，通过杠杆质押了两次，获得了5.44%的收益率。

可见，杠杆水平越高，潜在的收益也就越大。但是，不容忽视的是，为了简化，在上述的例子中，没有考虑债券的市价变动。如果在债市出现较大不利波动的时候，那么杠杆水平的放大同时也一定会带来损失的加大。所以说，杠杆是一把双刃剑。

例如，2013年6月，金融系统缺乏流动性，大家都在卖出债券换取流动性，债市一泻千里，投资者损失惨重。当年的银行间债市在上、下半年呈现出截然不同的走势，上半年的配置需求以及银监会"8号文"的利好，使得债市收益率震荡走跌。然而，好景不长，暖势行情从6月起戛然而止，使得资金利率大涨，债市抛盘如潮，收益率近乎垂直上行，并由此开启了一轮大规模走熊的历程。截至2013年12月25日，10年国债收益率较年初已上行达100BP。截至2013年年底，中债综合指数（净价）收在96.07点，较2012年年底下跌4.65%。

小贴士：

理财FOF

FOF的英文全称是Fund of Funds，翻译成中文是基金的基金，即投资于基金的基金。FOF产品与普通基金的区别在于，FOF产品以基金为投资标的，而普通基金以股票、债券等证券为投资标的。FOF产品通过分散投资降低组合波动，相对于底层资产较为集中的产品来说，FOF产品的底层资产更加分散，风格更均衡，产品的波动性也相对较低。

在国际上，美国先锋基金（Vanguard）于1985年推出了第一只真正意义上的FOF产品，目前约占共同基金的比例超过10%。和海外市场相比，中国的FOF市场仍处于起步阶段，占比在1%左右，未来市场的发展空间巨大。

除了公募基金外，银行理财也积极发行FOF产品，特别是在中风险、混合类理财产品中，投资权益类资产，采取FOF形式的比例较高。相对于直投，采用FOF形式有利于银行在其缺乏风险资产投资能力时实现资产配置，搭建更具特色的产品体系。

在本质上，银行理财FOF产品通过投资基金、资产管理计划等方式间接投资股票、债券等资产，实现了风险的二次分散，进一步降低了产品的投资风险，具有有效降低非系统性风险的特点。在市场震荡的情形下，银行理财FOF产品相对较为抗跌，产品净值波动会相对稳定，可以帮助实现在风险分散的基础上追求相对稳定的回报，与银行理财客户的风险偏好十分契合。

目前，FOF型理财产品已初具规模，存量超过200款，且发行量正在逐步增加。在银行理财全面净值化时代，发行FOF类产品是银行理财转型和参与权益市场的重要方式。

第 6 章

时间就是金钱，关键时点要搞清

投资银行理财产品，除了弄清楚产品的类型、投向、期限、大概的收益水平，如果下定决心进行投资，就必然会涉及什么时候买、什么时候划款、什么时候可以收回资金、什么时候资金到账等一系列随之而来的问题。这不仅涉及如何确保成功实现投资的问题，更是关系到最大化减少资金闲置时间、充分发挥资金作用而提高整体收益的问题。都说时间就是金钱，投资银行理财产品也一样，必须清楚其中涉及的关键时点或重要日期，并做出科学规划。

6.1 认购期、认购日与起始日

投资一款理财产品,首先要在该款产品约定好的期间内的某个时间去下单,待产品认购期结束,宣告产品正式成立,开始进入投资期。因此,在这里涉及三个关键日期。

首先是认购期。理财产品作为一种金融投资品,需要将投资者手里的钱集中到银行手中,也就是说,投资者要先将资金委托给银行,这个资金集中交付委托的过程就是募集资金所需要的期限,该期限对于银行理财产品的销售而言,就是销售期或募集期;对于投资者而言,就是认购期。

其次是认购日。一款理财产品的规模有大有小,但募集需要一个过程,很少会一经推出就"秒光",所以通常需要经历或设置一天以上的时间。在理财产品的认购期内,如果投资者决定购买,就要及时进行认购申请或者预约,这个认购申请或预约的具体日子就是所谓的认购日或预约日。

在销售期内,投资者申请或预约认购,必须在账户上准备好资金,但是该资金不会被银行划走,而会被冻结在账户上。等到募集期结束,资金募集达到设定的最低下限,产品能够成立,资金才会被银行真正划走,然后投入产品运作之中。

因为并不是所有发行的理财产品都会按既定时间宣告成立,为了保护客户的利益,银行可根据市场变化情况缩短或延长募集期并提前或推迟成立。如果产品募集规模不达预期,特别是远低于目标规模,那么银行可能会直接宣布产品不成立。如果产品不成立,那么资金就不会被银行划走。

最后,当资金募集达到目标规模,且募集期结束后,投资者账户里的资金就会被划走。在一般情况下,这个扣款日就是理财产品的成立日。在实务中,也有银行会将扣款日的次日作为产品的正式成立日，但如果遇到节假日还会顺延，这要以银行理财产品说明书中的具体约定为准。对于投资者的资金而言，产品成立日就是真正的起息日，有时也被称为产品的起始日，这是一款银行理财产品投资生效的日子。

在产品认购日至扣款日之间，即资金冻结期间，对于投资者的认购资金，银行一般是按活期存款利率计付利息的。相比于开放式基金长达几周的募集期，封闭式或开放式银行理财产品的认购期一般只有三四天或一周左右，投资效率相对更高一些。

上述内容在理财产品说明书中的描述见表6-1。

表6-1　产品（22GS2633）的募集期和成立日

产品名称	募集期	产品成立	起始日	其他约定	工作日
工银理财·鑫得利固定收益类封闭理财产品（22GS2633）	2022年3月15日—2022年3月22日	为了保护客户利益，工银理财有限责任公司可根据市场变化情况缩短或延长募集期并提前或推迟成立。当产品提前或推迟成立时，工银理财有限责任公司将调整相关日期并进行信息披露。产品最终规模以实际募集规模为准。如产品募集规模低于1亿元，则工银理财有限责任公司可宣布本产品不成立，并在原定起始日后两个工作日内在中国工商银行网站（www.icbc.com.cn）、相关营业网点或行业统一信息披露渠道发布产品不成立信息，客户购买本金和利息（如有）将在原定起始日后两个工作日内划转至客户账户，在原定起始日至资金到账日之间客户资金不计利息	2022年3月24日	在认购日至扣款日之间，资金按人民币活期存款利率计付利息，利息不计入本金	国家法定工作日

由此，一个小小的窍门或策略是，尽可能在募集期的最后预约日购买并冻结资金。但是，越抢手的理财产品，投资者的认购越踊跃，银行越有可能随时宣布提前结束募集，如果预约认购得太晚，额度可能就会被抢光，从而错失投资良机。所以，要尽量在确保能够买到的最晚时刻进行预约认购。现在，由于多了很多电子或移动渠道进行购买，一般产品的剩余额度会实时予以显示，方便了投资者更加精准地把握时机，提升了资金使用效率。

对于投资者而言，为了实现资金效益的最大化，用于理财产品投资的资金闲置时间越少越好。反过来，对于银行而言，募集期和起息日同样具有特殊的意义和价值。

最典型的莫过于利用理财产品的设计和销售策略，实现最大限度地沉淀存款和资产管理规模。由于募集期冻结的资金不划转，这就成为销售银行的储蓄存款，再加上具体时间的配合，就能实现在某些关键时点或考核期内新增存款规模，或者满足考核指标等各项任务。

因为存款、特别是低利息的活期存款对于任何一家银行都至关重要，毕竟银行的主要盈利模式就是赚取贷款收取的利息和存款支付的利息之间的差额，而且规模越大越好，所以，存款规模直接关系到银行的盈利能力和稳定发展。大家清楚了存款对银行的至关重要性，也就了解了为什么银行会通过理财产品的募集期和起息日的合理谋划来沉淀存款。过去，银行利用理财产品沉淀存款的迹象或目的表现得非常明显。现在，很多银行又增加了一个考核指标——AUM（资产管理规模），这个指标越大，带来的收入越多，客户基础也越大。这其中，理财产品销售规模就包含在内。

也正因如此，大家在投资理财产品时，在同时拥有多项选择时，不妨关注一下具体的日期，如同样的一周期限的募集期，是否跨越季末或年末？是否"恰巧"遇到节假日？对此要尽量做到心中有数，争取做出对自己最有利的投资决策。

6.2　到期日、清算期与到账日

到期日和到账日是一款理财产品的生命终点，在这两个日期之间就是所谓的清算期。产品到了生命最后，投资运作管理成效如何，经过清算，最终分配给投资者，从而结束一次投资。

这里的到期日就是理财产品投资运作的最后一天，一般是某个具体的日子，通常会是正常的工作日。而资金到账日一般不会规定哪个具体的日子，在实务中经常以"T+n内"来表示，也就是说，在到期日之后的n个工作日内，将资金划转到投资者的账户内。由于是产品到期后几个工作日之内，故到账日虽说是一个具体的日子，但并不具体，可能变化，但通常是那个第n天的日子。从到期日至资金实际到账日，则构成了产品的清算期。

以产品实例描述见表6-2。

表6-2　产品（22GS2633）的到期日和到账日

产品名称	到期日	资金到账日	其他约定	工作日
工银理财·鑫得利固定收益类封闭理财产品（22GS2633）	2023年5月9日	到期后三个工作日内或提前终止日后三个工作日内或提前赎回日后三个工作日内	在到期日（或提前终止日/提前赎回日）至资金到账日之间，客户资金不计利息。客户若购买本产品后欲办理销户或调整理财交易账户等操作，则需确保在全额赎回本产品份额后办理	国家法定工作日

从这里可以清晰地看到，工银理财·鑫得利固定收益类封闭理财产品（22GS2633）的到期日为2023年5月9日，是一个具体的日子，投资者可以再具体查看一下，是一个星期二，是正常的工作日，而不是法定节假日。而资金到账日则是到期后三个工作日内。这三个工作日的差距，实际上就预留了清算期，也就是让银行理财产品的投资管理人进行投资资产的赎回、资金的准备，所以这三天通常是不计算利息的，连活期存款利息也没有。

细心的读者可能会注意到，这里的三天是理财产品正常运作结束之后需要的清算期。而表6-1中的信息显示，如果产品募集规模低于1亿元，则工银理财有限责任公司可宣布本产品不成立，并在原定起始日后两个工作日内将客户购买本金和利息划转至客户账户。由于产品还没有投资运作，清算相对简单，用时自然少一些。同样的规定是，在原定起始日至资金到账日之间客户资金也不计利息。在这里可以再深究一下，既然募集资金规模没有达到预期规模下限，产品无法成立，实际上银行是不应该将冻结资金划走的，根本不需要再划回来，直接解冻就可以了。

再具体查看一下，到期日是星期二，其后三个工作日，就是星期三、四、五。还好不是星期六和星期日，或者法定节假日，否则资金到账又可能因非工作日或节假日而顺延。

所以，在购买理财产品时，关注到期日和到账日也是一项必备的工作。不论理财产品的投资期限是长还是短，以上日期都应该是重要的考量因素，特别是当产品期限较短时，尤其要引起重视。由于清算期一般只计入工作日，所以周四或周五到期的产品，资金很有可能要等到下周的周二、周三才能到账。如果再遇到法定节假日，比如"十一"黄金周之类的，那么资金到账日就可能比到期日延后长达

10天左右，而且在这段时间内还不计算利息，哪怕是活期存款利息也不计。

如果出现这种情况，那么不仅资金被闲置，被无偿占用，降低了投资效益，在资金有预先安排的情况下，还可能导致流动性风险，因为处于清算期的理财产品，既无法提前赎回，也无法进行转让和抵押。这种比较"极端"的情况出现对投资者自然是十分不利的。所以，投资者在购买理财产品时，一定要留意产品的到期日和到账日，避免不利情况出现。

或许你会说，理财产品约定的资金到账日是到期后三个工作日内，既然是"内"，在理论上或原则上就包括了1天、2天和3天三种可能，甚至还包括了0天，即到期日就是到账日的可能。但是，不用支付利息的活期存款留在产品的托管账户内，对银行来说不是更好吗？所以，提醒大家，大概率不要有提前到账的幻想，既然理财产品说明书中早就这样约定了，而且产品募集运作都结束了，不妨端正心态，就将这种情况下的资金到账日直接视为约定时间最后一天，也就是那个n到账就好了。

6.3　开放期、申购及赎回

对于开放式理财产品而言，在理财产品成立后、清算前，还存在一个特殊的日期，那就是开放期。开放期短则可以是一天，长则可能是几天或一周等的不同时间段，这要看理财产品说明书中的具体约定。在开放期内，投资者可以进行申购及赎回。

有的银行不明确开放期，仅明确一个具体的日子为开放日，在该开放日之前的几天时间之内进行申购和赎回，该期限事实上就是开放期，也可称之为申购与赎回期。

开放日的明确是非常重要的。因为在产品净值化的情况下，申购及赎回必须有一个确定的价格，而在开放期进行申购或赎回的交易价格就是指开放日这一天的产品份额净值。

对于开放式理财产品而言，产品总的期限可能很长，比如3年、5年、10年，甚至无固定期限。此类产品的"开放日"实际上就是投资者购买该款产品的"到期日"。

当然，在开放期内的申购，一般要在开放日过后的确认日进行申购份额确认，并扣减投资者账户资金，扣划款项成功后即视为投资者申购成功。对于在开放期内的赎回，一般也要在开放日过后的确认日进行赎回份额确认，确认投资者赎回成功后，投资管理人将为投资者扣减份额，并将投资者应得的赎回资金于开放日后的约定时间内划转至投资者账户中。

我们以招商银行的情况为例，看一款开放式理财产品的具体情况，见表6-3。

上述理财产品说明书中相关内容显示，每个投资周期终止日（结束日）的前三个工作日（含）10:00至终止日（含）17:00为产品的申购、赎回期，也就是开放期。大家要注意，因为日期标注的是结束日前三个工作日（含），再加上终止日一天时间，实际上，开放期是4天的时间。

在本书写作该部分的时候，最新一期的申购、赎回期是2022年4月7日的10:00至2022年4月12日的17:00。由于中间隔了一个周末，即4月9日和4月10日，这中间的工作日也是4天。

表6-3　招银理财招睿零售青葵系列半年定开8号固定收益理财计划的开放期与申购、赎回

产品名称	登记编码	运作方式	认购期	产品成立日	产品到期日	申购及赎回
招银理财招睿零售青葵系列半年定开8号固定收益理财计划（产品代码：301008）	Z7001620000046。投资者可依据该登记编码在中国理财网上查询产品信息	定期开放式	2019年4月8日10:00到2019年4月11日17:00。在认购期内，认购资金以活期存款利率计付利息	2019年4月12日	2029年4月12日（如遇非工作日则顺延至下一个工作日）	1. 投资周期 本产品每6个月为一个投资周期。第一个投资周期的起始日为理财计划成立日，结束日为理财计划成立日的6个月后的对应日。对于第二个投资周期以及后续投资周期，该投资周期的起始日为上一个投资周期的结束日，该投资周期的结束日为其起始日的6个月后的对应日。 如理财周期内某个结束日为节假日（原结束日），则该结束日顺延到下一个工作日，但下一个投资周期的结束日仍以原结束日为准，不进行顺延。 在一个投资周期结束后，投资者未赎回或部分赎回的，未赎回部分份额自动进入下一个投资周期。 2. 开放日 指投资周期结束日（含）至开放日的净值评估日进行确认。 3. 申购、赎回期 本产品的开放日的前三个工作日（含）至开放日的17:00，提交申购、赎回申请。在申购、赎回期内的申购，将以本投资周期结束日（开放日）的净值进行确认。 4. 申购、赎回确认日 开放日后的第二个工作日为本理财计划的申购、赎回确认日。

对于开放式净值型产品而言，不像在产品成立初期的认购，每份净值即1元，在其产品运作后的开放期内，申购和赎回不仅仅是一个时点和时段的问题，更重要的是如何确定申购和赎回的每份净值。

理财产品的申购、赎回采用的是"金额申购、份额赎回"的原则，即申购以金额申请，按照约定净值折算为份额；赎回以份额赎回，按照对应净值折算为金额。

上述产品约定，存续期间每周周三及每个投资周期终止日为估值日，并于两个工作日内公布，按照投资周期终止日的净值计算收益。也就是说，平时每周周三为估值日，每个投资周期的终止日也是估值日，但是，在申购、赎回时按照投资周期终止日的净值计算收益。

因此，在最新的申购、赎回期2022年4月7日的10:00至2022年4月12日的17:00内，将根据4月12日的单位净值计算收益，同时作为申购和赎回的价格确定基础。按照披露的信息，2022年4月12日，该产品每份净值为1.119 0元。

申购份额和赎回金额的计算示例如下：

申购份额＝申购金额÷开放日产品份额净值

假定某投资者投资100万元申购本理财产品，因份额净值为1.119 0元人民币，则

申购份数＝1 000 000元÷1.119 0元/份＝893 655.05（份）

投资者应得赎回金额＝总赎回份额×开放日理财产品份额净值

假定某投资者赎回100 000份理财产品，因理财产品份额净值为1.119 0元，则

赎回金额＝100 000份×1.119 0元/份＝111 900（元）

　　因为申购或赎回的决策是在开放期内就需要做出的，此时作为计算收益或定价基础的净值还没有被披露，所以在申购时不知道能买多少份，在赎回时也不知道能卖多少钱。实际上，按照上述提到的"金额申购、份额赎回"原则，如果投资者决定申购，则只要决定购买多少钱的理财产品就可以了（不要管能买多少份）；如果投资者决定赎回，则只要决定赎回多少份理财产品就可以了（不要管能卖多少钱）。几天后，待开放日的产品份额净值被披露后，自然就清楚了。

　　从理财产品的运行规则来说，在申购或赎回时，实际上采用的是"未知价法"，即投资者在决定申购或赎回时，必须在开放日之前的开放期内做出决策，而理财产品的申购和赎回价格依据的是开放日的产品份额净值，此时该净值还没有被披露，所以投资者无从知道未来（开放日）的确切价格。因此，申购或赎回实际上是在成交日净值还没有被披露的时候，提前做出的决策，也称之为"未知价"原则。

　　对于招银理财这款产品而言，在申购或赎回时只知道上上一个估值日（2022年3月30日）的单位净值为1.117 0元，或者上一个估值日（2022年4月6日）的单位净值为1.118 1元，在实务中只能以此作为申购或赎回的价格参考。不过，这丝毫不会影响投资效率。对于申购而言，只要确定购买金额就可以了，至于能买多少份，等到确认日确认就知道了；对于赎回而言，只要知道自己持有并计划卖出多少份就好了，至于能拿到多少钱，等到确认日确认就知道了。在申购、赎回期内的申请，是以本投资周期结束日（2022年4月12日）的净值进行确认的。当然，这个确认也要在2022年4月12日后进行了。根据该款产品约定，具体是以开放日后的第二个工作日作为产品的申购、赎回确认日。对于申购而言，银行一经确认即会扣减投资者账户资金。对于赎回而言，也有相应的"清算期"和"到账日"之说，本产品约定赎回资金于开放日后三个工作日内划转至投资者账户中，也就是确认日后一天资金就到账了。

在实务中，理财产品管理人在申购、赎回确认日，会对投资者申购、赎回申请的有效性进行登记并确认。投资者应在申购、赎回期之后，及时通过网点、网上或移动渠道进行成交查询。

由于开放式理财产品总的运作期限较长，所以投资管理人在投资时会做出对应的安排和组合。但是，如果赎回的份额太多，导致巨额赎回现象发生，就不可避免地会打乱投资节奏，甚至带来不必要的损失。因此，在实务中，银行一般会对巨额赎回进行一定的限制。一般对于申购则限制较少，但若超过产品设计时的规模上限，也会停止申购。

如招银理财上述产品就规定：管理人按照先申请、先赎回原则确认赎回申请，如净赎回申请份额超过理财产品总份额的10%，则认定为发生巨额赎回事件，管理人有权拒绝接受超过10%部分的赎回申请，相应地，投资者当期就无法赎回理财产品份额；对于申购，管理人按照先申请、先申购原则确认申购申请，如累计申购份额已达到产品规模上限，则销售服务机构有权拒绝超出产品规模上限部分的申购申请。

开放式理财产品虽然在不同的开放期内都可以进行申购和赎回，相比封闭式理财产品看似增加了投资者的灵活性，但在投资实务中也可能引起更多的"麻烦事"，需要投资者注意。

一是产品开放日的设置方法增加了投资的记忆负担。投资者往往会忘记或错过那个定期的开放日，而不得不继续持有产品到下一个开放日。开放周期越长，这样错过开放日的成本就会越高。所以，投资者有必要记录于手机或电脑记事本等媒介上，设定提前"报警日"，随时提醒自己别忘了。

二是不同的开放日退出取得的收益可能差异较大。由于产品都是净值型产品，其收益同市场行情密切相关，所以其在每个投资周期内的表现各不相同。如果投资者想找一个相对合适的价格退出，则只能等到开放日附近才能决定。这样一来，投资者很有可能无法在最有利的时机退出，从而增加了产品的操作难度。

三是不同的开放日对应的资金到账日不同。产品在开放日"到期"之后，也有"清算期"和"到账日"之说，同样面临着周末和法定节假日带来顺延的可能性，所以不同的开放日退出可能带来不同的资金使用效率。投资者必须关注开放日的具体日子，尽量错开清算期长的产品或投资周期。

6.4　绝对收益率与年化收益率

与时间密切相关的一组概念还有绝对收益率和年化收益率，值得投资者关注，不能混淆。

所谓"年化"，就是将投资资产的收益放大或缩小到一年，看看按照这个收益率水平运作一年是什么情况。也就是说，年化收益率就是将理财产品当前的收益率换算成一年的收益率而得出的一种理论性收益率，而非实际收益率。因此，年化收益率在投资领域是一种标准化的"度量衡"，统一尺度，便于各类资产之间进行对比。一般而言，当我们说到债券、票据、存款等固定收益类资产的利率时，指的都是年化收益率。比如，一只两年期的利率债，账面利率是3.5%，即年化收益率为3.5%；持有到期的收益率是7%，这个7%即绝对收益率。又如，一只三个月期的债券，票面利率是4%，相当于年化收益率为4%，实际上投资者得到的绝对收益率是1%。

与理财产品及上述固定收益类资产有所不同的是，我们在股票市场上的投资往往说的是绝对收益率，而非年化收益率。因为诸如股票、基金等产品的收益率波动往往很大，每天的涨跌幅度能够达到百分之几，甚至百分之十几。如果计算年化收益率，动辄就会达到百分之几百。比如某只创业板股票，收获一个涨停板的收益率就是20%，若要计算年化收益率，则高达7 300%，而收获一个跌停板的年化收益率则为-7 300%，显然没有多少实际意义。同时，短期看股票市场的收益率往往是看这笔投资到底赚了多少钱或者亏了多少钱，所以绝对收益率在这里更有意义。

在银行理财产品的投资实践中，大家不仅要注意区分这两个不同的收益率概念，而且还要结合"空余的""浪费的"时间，一并予以考虑。

例如某只封闭式理财产品，投资1万元，期限90天，投资结束，实际收到资金10 120元，赚取利息或收益120元，因此，绝对收益率为120÷10 000=1.2%，年化收益率则为1.2%×365÷90=4.87%。

但若细想一下，年化收益率的精确算法可能还不是这样的。因为投资期是90天，可能该投资者为了能抢到该款产品的投资额度，在3天募集期（认购期）的第一天就预约冻结了资金，产品到期后还有清算期3天，实际投资周期应为96天。如果考虑到这个因素，那么该款理财产品的绝对收益率为120÷10 000=1.2%，年化收益率则为1.2%×365÷96=4.56%。

再深入思考一下。若投资者在当初投资时，仅仅看到银行宣传该款产品的业绩比较基准较高，为年化收益率4.6%～5.0%，相比其他产品几乎高出一个百分点，于是根本没有规划好自己的资金使用计划，就匆忙下单了。等到该款产品到期收到资金时，发现暂时两个月60天内没有用处，再购买新的较长期限的理财产品，发现自己开户的两个银行中没有两个月期限内的合适产品，于是只能购买"宝宝类"产品，两个月取出资金共计10 142元，绝对收益率为22÷10 120=0.217%，年化收益率则为0.217%×365÷60=1.32%。若将两段投资合并计算，那么绝对收益率为142÷10 000=1.42%，年化收益率则为1.42%×365÷156=3.32%。在不考虑特殊风险的情形下，如此这样，当初还不如做好自己的资金使用规划，投资一款5个月期限、业绩比较基准为3.6%～4.0%的理财产品。

列举上述比较特殊的例子，目的就是想告诉大家，在投资时一定要做好自己的资金使用规划，寻找期限和收益相匹配的理财产品，不要被个别貌似美丽的"容颜"迷惑。在期限或时间的考虑上，一定要做到尽量不闲置资金，否则收益再高的产品，其真实的收益率水平都可能被拉下来。

小贴士：

产品设计隐藏了银行的"小九九"

在理论上，银行应根据市场上不同投资者的需求，针对某一类投资需求者，为其专门设计一款符合其风险偏好和期限选择的理财产品，并以此向其推广销售。但在实际操作中，多数商业银行发行的多数理财产品并不针对细分群体，而大多选择较为大众化的风险投资标的，设计出适合更广泛群体的理财产品，然后对潜在的投资者进行风险测评和营销，再匹配销售。

为了简单理解理财产品的设计与运作，一般可以将理财业务的模式简单概括为：银行发行理财产品募集资金以投资于金融市场，在获取收益后扣除部分理财成本费用，按照事先约定的收益分配方式，向投资者返还本金与收益。

这其中，银行的收益最直接的就是增加中间业务收入，改善收益结构；回归本源，服务客户；在监管套利逐步式微的现实情形中，银行理财产品的蓬勃发展还存在利率市场化下的竞争压力。

存款理财化是大势所趋，银行不得不面对现实。那么，在理财产品的设计中，能否反向实现理财存款化呢？答案是当然可以。因为理财产品的全生命周期必须经历三个阶段：募集期、存续期、清算期。在资金募集期内，投资者的资金会被冻结在理财产品发行银行的账户中，这是活期存款；在投资存续期内，投资者的资金会投向不同的资产，包括理财产品发行银行的各类资产或产品；在产品清算期内，投资者的资金会被沉淀在银行托管账户中，这是不付息的存款。

在产品设计中，在关键时点如月末、季末、年末等时间段发行理财产品，经过产品投资周期的谋划，再巧妙地利用到期日和清算期的安排，将投资者的资金在关键时点保存在银行存款项下，这是理财产品设计中天然存在的"小九九"。

当然，作为投资者，大可不必过分在意银行的这些"小九九"。因为通常个人投资者没有关键时点的考核，存款放在哪里其实无所谓。相反，在之前的环境下，在关键时点银行会发行非常短期但收益奇高的理财产品，此时倒是好时机。现在在"理财新规"下，不允许发行90天以下的封闭式理财产品。所以，投资者正常投资即可，只需关注自身的资金使用规划和投资的预期收益与风险。

第 7 章

我们购买理财产品需付给银行哪些费用

一个社会通过生产和消费的相互促进实现了社会进步。消费者通过花钱获得效用和体验，生产者获得回报后可以提供更好的产品或服务，从而实现双赢。所以，当你购买收费的产品和服务时，你是客户，满足的是效用，换来的是体验；当你使用免费的产品和服务时，你就是产品本身，为别人提供了数据和流量。

以此观之，银行理财产品是一项收费服务。银行发行理财产品，虽说是为了我们财富的保值、增值，但"无利不起早"，银行不是慈善机构，不会长期地免费给我们提供服务，它也是一个商业机构，必须赚钱才能活下去。因此，我们享受银行提供的理财服务，必须让银行赚到钱才行。至于谁支付倒不重要，它可以不向我们收取，只要有人替我们支付就行。可惜的是，目前还没有这种机制出现。投资者购买银行理财产品，必须支付相应的费用，作为享受银行提供资产管理服务的对价。

当然，既然是交易的对价，就必须在交易之前约定好，所以这些费用项目都会在产品说明书中予以明示。投资者决定购买理财产品，意味着接受支付这些费用。如果银行在产品存续期间更改收费项目或标准，相当于合同条款变更，那么投资者可以接受，也可以不接受。如果投资者选择不接受，那么银行当允许投资者提前赎回。

因此，明白费用背后的原理，了解整个费用体系，能够使我们更好地了解所购买的理财产品。这也是本章内容的意义所在。

7.1 固定管理费与浮动管理费

固定管理费和浮动管理费是理财产品管理人收取的最基本费用,可统一称之为投资管理费。理财产品管理人作为资金受托人为资金委托人投资管理资产而收取一定的费用,这也是"代人理财"的报酬。当然,这个报酬可以是固定收取的,也可以是浮动收取的。固定收取的部分就叫作固定投资管理费,简称固定管理费;浮动收取的部分就叫作浮动管理费,也叫超额业绩提成。

其中,固定管理费是提供理财产品的研发设计、投资管理等服务而收取的最基本或最基础的服务费。在理论上,产品越复杂、投资管理投入精力越大,则收取的固定管理费就会越高。比如,权益类理财产品的固定费用就应该比固定收益类理财产品收取得高,因为不同投向,管理人付出的精力和成本不同,投资股票市场可能需要实时盯盘,而投资同业存单则基本不需要多少精力。另外,期限越短与业绩比较基准越高的产品,固定管理费水平也应越高,原因在于短期限产品需要投入更多的资源来满足投资者对产品高流动性和适当收益性的双重要求,业绩比较基准越高的产品则需要持续性投入更多的资源或操作策略来谋求产品的高收益。

浮动管理费作为超额业绩提成,本意是为了鼓励理财产品管理人获得更好的业绩,从而约定当产品收益超过约定的阈值后,对于超额部分的收益,由产品管理人和投资者进行分成。通过超额收益分成,可以将产品管理人的利益和投资者的利益捆绑在一起,激励产品管理人获取尽量高的收益,这是一种激励相容的机制安排。

在实际运作过程中,固定管理费一定要收取一部分,以弥补自己的运营支出;

浮动部分则可收取，也可不收取。在收取浮动管理费的情况下，固定部分和浮动部分二者内部可以适当调整。固定管理费收取高的，浮动管理费可以少点收取；而浮动管理费收取比例大的，则可适当降低固定管理费。同时，浮动管理费的提取标准也能显示产品管理人对产品的信心。如果是在较高的业绩比较基准之上，产品管理人收取的固定管理费较低，而浮动管理费较高，则显示产品管理人对产品实现较高收益更有信心，也更值得投资者购买。

从该类费用的权益归属来看，在一般情况下，银行自己发行的理财产品就由银行自己收取，理财子公司发行的理财产品，则该项费用归理财子公司所有。

固定管理费的收取方式是按年化标准、按日计提。收取标准差异较大，一般费率为0.05%～0.50%。通常定期收取，可按月、季、年不等。

浮动管理费的收取方式是在产品投资周期结束时（封闭式产品是整个投资周期结束，即产品终止日；开放式产品是单个投资周期结束，即开放日），按照分成比例，计算计提。一般比例为20%～80%。通常在计提后几个工作日内或按月进行支付。

以工银理财·鑫得利固定收益类封闭理财产品（22GS2633）为例，固定管理费费率（年）仅为0.05%。对于浮动管理费则规定如下：年化收益率超过业绩比较基准区间上限3.35%的部分，50%归客户所有，其余50%作为产品管理人的浮动管理费。

再以招银理财招睿零售青葵系列半年定开8号固定收益理财计划（301008）为例，固定管理费费率（年）为0.15%。对于浮动管理费则规定如下：每个开放日及理财计划终止日为计提评价日，按照"高水位原则"进行计提，当年化名义份额净值收益率超过4%（业绩比较基准区间上限）时，计提超出部分的50%为浮动管理费。于每个计提评价日计算并计提。

额外说明，固定管理费和浮动管理费都是银行（或理财子公司）收取的应得管理报酬。但这两项费用都不是投资者单独交给银行的，而是从理财资产中提取的。在提取该类费用后，理财产品的净值减少，本质上也相当于是投资者支付给产品管理人的。

7.2　销售服务费

销售服务费，顾名思义是因为提供了销售服务而收取的费用，所以这是一项由理财产品的销售机构收取的服务费。其基本用途主要是支付销售机构佣金、产品营销费用，以及对投资者的服务费用等。

在理财子公司没有成立的时候，所有的银行理财产品都是由银行自己发行、销售、管理的，也就是由银行收取销售服务费。现在，随着越来越多理财子公司的成立，而成立了理财子公司的母行原则上都将不再发行理财产品。所以，随着代销越来越普遍，虽然该项费用还是由银行收取的，但此时银行仅仅是作为理财子公司产品的销售渠道，因提供了销售服务而收取的。

销售服务费通常按照每个规定估值日理财产品净资产的一定比例来每日计提、定期支付。计提比例一般为0.1%～0.5%。

以工银理财·鑫得利固定收益类封闭理财产品（22GS2633）为例，销售服务费费率（年）为0.15%。每日计提。

而招银理财招睿零售青葵系列半年定开8号固定收益理财计划（301008），其销售服务费费率（年）为0.15%和0.3%（该产品为分级产品，其中A类和B类份额的销售服务费费率为0.15%，C类份额的销售服务费费率为0.3%）。每个自然日计提，按年收取。

7.3　托　管　费

托管费是指理财产品的托管人为保管和处置理财资产而向产品收取的费用。简而言之，就是银行保管理财资产，并且进行资产交易和支持服务而收取的手续费。

托管机构为每只理财产品开设独立的托管账户，并确保不同托管账户中的资产相互独立。围绕安全保管理财产品财产，为理财产品的投资或交易活动提供账户开立与管理、资产保管、资金清算、资产估值与会计核算、投资监督、托管报告等各种托管服务，给投资者更安心的保障，为此他们会收取相应的托管手续费。

"资管新规"规定，金融机构发行的资产管理产品资产应当由具有托管资质的第三方机构独立托管。在过渡期内，具有证券投资基金托管业务资质的商业银行可以托管本行理财产品，但应当为每只理财产品单独开立托管账户，确保资产隔离。在过渡期后，具有证券投资基金托管业务资质的商业银行应当设立具有独立法人地位的子公司开展资产管理业务，该商业银行可以托管子公司发行的资产管理产品。

所以，通常而言，一家银行或其下属理财子公司发行的理财产品，都会由该行进行托管。但是，截至2022年3月，具有证券投资基金托管业务资质的商业银行仅有58家。对于没有托管资格的银行而言，其发行的产品将不得不托管给第三方。

目前，托管费通常按照理财产品净值的一定比例提取，费率通常为

0.02%～0.1%，逐日累计计提，定期（月、季、年）支付给托管人。

这个收费标准比较低，特别是与销售服务费相比，相差太多，名义上反映的可能是销售渠道的重要性，即能卖掉理财产品帮助发行人募集资金，可以收取更多的销售服务费。而作为托管机构，其承担了大量的日常核算与保管服务，收费却很低，颇有点儿销售后的"附加"服务、象征性予以收费的意思。相信，今后随着第三方托管机构的增多，在实行跨行托管后，清算和交割需要跨行下达指令，相对于在本行，各种沟通和协调成本很难不增加，预计托管费的收取标准会适当提高。

以工银理财·鑫得利固定收益类封闭理财产品（22GS2633）为例，托管费费率（年）仅为0.02%。

7.4 认购费/申购费、赎回费

认购费是在理财产品首次募集期因购买行为而发生的费用，而申购费是在开放式理财产品的开放日（期）因购买行为而发生的费用。二者的性质类似，只是在产品的成立初期买入还是后期买入，前者的行为被称为认购，后者的行为被称为申购。购买都可能发生相应的费用，即认购费或申购费。

在一般情况下，在认购期购买理财产品的费率相对来说要比在申购期购买优惠，这样可以激励产品顺利成立。

其实，从费用性质来看，认购费和申购费与前述的销售服务费具有相同的性质。所以，常见的情况是，在收取销售服务费的情况下，不再收取认购费或申购费；或者选择收取了认购费或申购费，就不再收取销售服务费。

认购费或申购费的收取主体一般为渠道方——银行。收取的标准也多为0.1%~0.5%，与销售服务费类似。

赎回费是指开放式理财产品在开放日（期）赎回时收取的费用。一般来说，理财产品都鼓励投资者长期持有，这样有利于理财产品产生更好的业绩。如果在开放期赎回频繁或金额巨大、规模不定，则会给投资资产的选择和持有造成被动，从而影响资金使用效率。所以，设置赎回费的目的就是鼓励投资者尽量长期持有理财产品。为此，理财产品有时会制订阶梯费用，即持有时间越短，则收取的赎回费费率越高，超过一定的持有时间则不收取。最高费率可达2%。

同样，从费用性质来看，赎回费也类似于销售服务费。所以，有时候，在收取销售服务费的情况下，有些产品不再收取赎回费。但赎回行为可能会影响整个理财产品的投资效益，为其他投资者带来损害，因此，有些产品则对于赎回行为会另行收取赎回费，具有"退出惩罚"的意味。由于这个费用的独特性，收取人一般是产品管理人，而不是销售机构。甚至有的基金产品约定，赎回费用全部或部分归基金产品所有，即赎回客户负担的赎回费留在了基金产品内，以增厚产品权益。而对于银行理财产品而言，通常则由产品发行人与管理人收取。

以工银理财·鑫得利固定收益类封闭理财产品（22GS2633）为例，在收取了销售服务费之后，不再收取认购费，即认购费费率（年）为0。

再看招银理财招睿零售青葵系列半年定开8号固定收益理财计划（301008），在收取了销售服务费之后，同样约定，产品不再收取认购费、申购费、赎回费。

下面看一个收取上述费用的产品例子。

招银理财招智红利月开1号偏债混合类理财计划（产品代码：103801）

这是一款公募发行、开放式、净值型、混合类理财产品，成立日为2020年6月23日，预计到期日为2050年6月23日。在存续期内，每月15日为开放日，每个开放日的前3个工作日（含）至开放日的前1个工作日（含）为本产品的开放期，也就是申购、赎回期。

这是一款中等风险的产品（PR3），产品投资方向和范围主要是：固定收益类资产不低于60%；权益类资产与衍生金融工具（以保证金计）为20%～40%。根据对固定管理费的影响因素，该产品收取了较高的固定管理费，达到1.00%/年的水平。此外，必不可少的还有托管银行收取的托管费，标准为0.05%/年。

但该产品没有收取销售服务费，而是规定可收取认购费/申购费及赎回费。

其中，认购费和申购费的收费标准为0.50%。同时该产品规定，认购费/申购费不属于理财计划费用，不由理财计划承担，而由投资者承担并于认购/申购时单独支付。

对于赎回费，则采取根据份额持有期限分级收费的方式：当份额持有期限小于175个自然日（不含）时，赎回费费率为1.50%；当份额持有期限大于或等于175个自然日但小于350个自然日（不含）时，赎回费费率为0.50%；当份额持有期限大于或等于350个自然日时，赎回费费率为0。如遇理财计划提前终止或到期清算，则不收取赎回费。同时该产品规定，赎回费不属于理财计划费用，不由理财计划承担，而由投资者承担并于赎回份额时支付。

这种"价外"收取申购费与赎回费的方式可简要示例如下。

申购时：

申购份额=申购金额÷申购、赎回期对应开放日产品份额净值

申购费用=申购金额×申购费费率

所需支付的申购总金额＝申购金额＋申购费用

假定某投资者投资100万元申购本理财产品，对应开放日产品份额净值为 1.025 0元，则其可得到的申购份额为：

申购份额＝1 000 000÷1.025 0＝975 609.76（份）

申购费用＝1 000 000×0.5%＝5 000（元）

所需支付的申购总金额＝1 000 000＋5 000＝1 005 000（元）

赎回时：

赎回金额＝本次被确认的赎回份额×申购、赎回期对应开放日产品份额净值

赎回费＝赎回金额×赎回费费率

投资者应得赎回金额＝赎回金额－赎回费

假定某投资者赎回100 000份理财产品份额，产品份额净值为1.053 0元。根据投资者的实际投资期限，若适用赎回费费率0的份额为50 000份，适用赎回费费率0.50%的份额为30 000份，适用赎回费费率1.50%的份额为20 000份，则投资者应得金额为：

赎回金额＝100 000×1.053 0＝105 300（元）

赎回费＝30 000×1.053 0×0.50%＋20 000×1.053 0×1.50%＝473.85（元）

投资者应得赎回金额＝105 300－473.85＝104 826.15（元）

随着银行理财产品的全面净值化，以及理财产品类型的多样化，理财产品的运作势必呈现复杂化的倾向，操作成本增加，未来预期收取申购费、特别是赎回费的理财产品会越来越多。

7.5　理财产品的其他费用

以上介绍的固定管理费、浮动管理费、销售服务费、托管费、认购费/申购费和赎回费等，都是理财产品各主要服务提供方需要收取的费用种类。了解了这些费用，也就大概知道了银行卖给大家理财产品，赚的都是什么钱。这些支付对投资者而言是必要的，大家要心平气和坦然接受，因为这些费用的本质意义在于为了更高效、更安全、更专业地进行投资。委托专业机构去打理自己的资金，没有免费的午餐。重点是大家要看清楚收费条款，有精力的可适当在各家银行的不同产品之间进行必要的筛选。毕竟，心中有数，更加放心。

市场也曾针对个别银行的个别理财产品收取的费用产生疑问，比如某银行一款理财产品如此约定"超额业绩报酬"：若理财产品单个运作周期内累计年化收益率超过3.65%，产品管理人将收取超出部分的95%作为超额业绩报酬。因为这个分成比例高达95%，有些投资者颇有微词，认为与其说是分成条款，不如说是"几乎全取超额收益"的"霸王"条款。这个问题要分开来看，我们说过浮动管理费在本质上是为了激励产品管理人努力做好投资，类似于律师的风险代理，结合万分之几的固定管理费一起来看，这个问题其实也算合理，人家基本上没有收取什么固定管理费，就靠超额业绩分成呢，大家不妨降低对超过业绩比较基准上限的收益期望，就将其当作一款"类固定收益率"的产品就好了。

此外，一款银行理财产品的全周期运行，还有许多费用项目支出，这些都需要从理财产品净值中列支，事实上也是由投资者承担的，只是多数不再是由银行收取的，而是由其他可能的利益相关方收取的。这些费用可能还有银行划拨手续费、交易费用（包括但不限于证券交易佣金、撮合费用等）、理财产品验资费、审计费、保全费、律师费、信息披露费、清算费、执行费用、投后管理费、增值税及附加税费等，都将按照实际情况从理财产品净值中列支。对于这些费用项目，本书不再赘述。

最后，需要指出的是，对于投资者而言，成本费用支付的越少，相应的投资回报率就越高。特别是在目前银行理财产品收益率本就不高的情形下，一方面，我们希望支付的成本费用率越低越好，尽量避免承担过多成本的理财产品；另一方面，我们更应该关注银行的收费结构，相比固定费率收取标准较高的情形而言，我们应更倾向于选择那些固定费率低而浮动费率高的产品。

小贴士：

探寻对投资者最友好的产品收费模式

在银行理财产品净值化转型的过程中，产品收费模式逐渐从以往的"简单粗暴"的息差模式转向"精耕细作"的固定管理费和浮动管理费相结合的模式。

其实，在过去的那种传统预期收益率产品盛行之时，除了对投资者刚性兑付固定收益之外，理财产品实际收益超过预期收益的部分全额归银行所有，当然亏损也全额由银行承担。因此，原有的理财业务模式可以看作银行拿的是浮动收益，而无固定收益。

随着"资管新规"和"理财新规"的实施，刚性兑付被打破，银行理财产品逐渐向净值型转化，投资者和银行的角色在收益获取上发生了对调，即投资者拿到的都是浮动收益，而银行则依靠收取各类服务费用拿到的基本是固定性收益。而为了最大限度地降低代理成本，调动银行的积极性，让理财产品管理人实际收取的管理费与理财产品的业绩直接挂钩，就成了必然选择。

为了弥补产品运作过程中必要的成本支出，维持必要的或最低程度的固定管理费支出是必要的。但银行要想获得盈利，就必须依靠为投资者创造更多的收益去解决。核心的选择就是如何设计浮动管理费的比例与计算方式。固定收费与浮动收费的多样化组合应该是对投资者最友好的选择。

极端情形可以有只收固定费用，不收浮动费用的；也可以有只收浮动费用，而不收固定费用的；当产品发生亏损时，停止收取所有费用也是可行的。当产品业绩表现高于业绩比较基准时，也可以不分成，而将固定管理费向上浮动；当产品业绩表现低于业绩比较基准时，实现固定管理费向下浮动。超过固定业绩比较基准收取的浮动费用也可以进一步分级，匹配级差式分成比例；而有的产品也可以设置多档业绩比较基准，超过不同的基准则收取不同比例的超额收益。

第 8 章

理财产品风险种类多，但丝毫不必恐慌

任何投资都充满了风险，银行理财产品也一样。在理财资金管理运用过程中，可能会面临多种风险因素。在投资者拿到产品说明书，从头看起的时候，就会发现最显眼的位置和字体就是提示风险。每款理财产品揭示的风险都多达十余种，而且还会告诉投资者，风险揭示书所揭示事项仅为列举性质，还没有详尽列明全部风险和可能导致投资者资产损失的所有因素。

这些风险到底要不要紧？对理财产品投资会产生什么样的影响呢？同时，在购买理财产品之前，管理系统或理财经理都会要求投资者先做风险评估问卷，那么风险评估能真正测出投资者的风险等级与风险承受能力吗？有了这个风险测试就真的能够让投资更安全吗？银行理财产品发生亏损的概率到底有多大？我们该如何正确看待这些风险呢？

本章我们就重点聊一聊理财产品投资可能遇到的那些风险。

8.1 细数那些几乎数不完的风险

每款理财产品可能遭遇的风险都醒目地列示在产品说明书和风险揭示书上（见图8-1），而且投资者还需要在理财产品风险揭示书上进行签字确认，即抄写"本人已经阅读风险揭示，愿意承担投资风险"，并签字确认。那么，具体风险都有哪些呢？

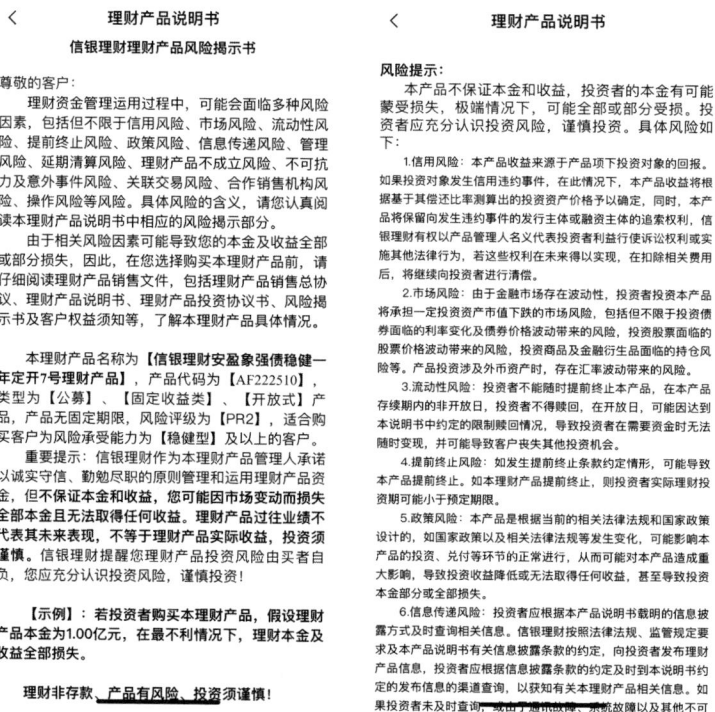

〈　　理财产品说明书

信银理财理财产品风险揭示书

尊敬的客户：

理财资金管理运用过程中，可能会面临多种风险因素，包括但不限于信用风险、市场风险、流动性风险、提前终止风险、政策风险、信息传递风险、管理风险、延期清算风险、理财产品不成立风险、不可抗力及意外事件风险、关联交易风险、合作销售机构风险、操作风险等风险。具体风险的含义，请您认真阅读本理财产品说明书中相应的风险揭示部分。

由于相关风险因素可能导致您的本金及收益全部或部分损失，因此，在您选择购买本理财产品前，请仔细阅读理财产品销售文件，包括理财产品销售总协议、理财产品说明书、理财产品投资协议书、风险揭示书及客户权益须知等，了解本理财产品具体情况。

本理财产品名称为【信银理财安盈象强债稳健一年定开7号理财产品】，产品代码为【AF222510】，类型为【公募】、【固定收益类】、【开放式】产品，产品无固定期限，风险评级为【PR2】，适合购买客户为风险承受能力为【稳健型】及以上的客户。

重要提示：信银理财作为本理财产品管理人承诺以诚实守信、勤勉尽职的原则管理和运用理财产品资金，但不保证本金和收益，您可能因市场变动而损失全部本金且无法取得任何收益。理财产品过往业绩不代表其未来表现，不等于理财产品实际收益，投资须谨慎。信银理财提醒您理财产品投资风险由买者自负，您应充分认识投资风险，谨慎投资！

【示例】：若投资者购买本理财产品，假设理财产品本金为1.00亿元，在最不利情况下，理财本金及收益全部损失。

理财非存款、产品有风险、投资须谨慎！

〈　　理财产品说明书

风险提示：

本产品不保证本金和收益，投资者的本金有可能蒙受损失，极端情况下，可能全部或部分受损。投资者应充分认识投资风险，谨慎投资。具体风险如下：

1.信用风险：本产品收益来源于本产品项下投资对象的回报。如果投资对象发生信用违约事件，在此情况下，本产品收益将根据基于其偿还比率测算出的投资资产价格予以调整，同时，本产品将保留向发生违约事件的发行主体或融资主体的追索权利，信银理财有权以产品管理人名义代表投资者利益行使诉讼权利或实施其他法律行为，若这些权利在未来得以实现，在扣除相关费用后，继续向投资者进行清偿。

2.市场风险：由于金融市场存在波动性，投资者投资本产品将承担一定投资资产市值下跌的市场风险，包括但不限于投资债券面临的利率变化及债券价格波动带来的风险、投资股票面临的股票价格波动带来的风险，投资商品及金融衍生品面临的持仓风险。本产品投资涉及外币资产时，存在汇率波动带来的风险。

3.流动性风险：投资者不能随时提前终止本产品。在本产品存续期内的非开放日，投资者不得赎回，在开放日，可能因达到本说明书中约定的限制赎回情况，导致投资者在需要资金时无法随时变现，并可能导致客户丧失其他投资机会。

4.提前终止风险：如发生提前终止条款的定情形，可能导致提前终止。如本理财产品提前终止，则投资者实际理财投资期限会小于预定期限。

5.政策风险：本产品是根据当前的相关法律法规和国家政策设计的，如国家政策以及相关法律法规等发生变化，可能影响本产品的正常进行，兑付等环节的正常进行，从而可能对本产品造成重大影响，导致投资收益降低或无法取得任何收益，甚至导致投资本金部分或全部损失。

6.信息传递风险：投资者应根据本产品说明书载明的信息披露方式及时查询相关信息。信银理财按照法律法规、监管规定要求及本产品说明书有关信息披露条款的约定，向投资者发布理财产品信息，投资者应根据信息披露条款的约定及时知本理财产品相关信息，投资者应信息披露条款的约定及时知悉本理财产品相关信息。如果投资者未及时查询，或由于通讯故障、系统故障以及其他不可

图8-1　某银行理财子公司理财产品的风险揭示书与风险提示

1. 本金及理财收益风险

因为银行理财产品都是非保本浮动收益型产品，所以，本金及理财收益风险是最基本的风险。要想获取比国债高的收益，就得承担相应的风险，银行理财产

品也不例外。理财产品为了谋取高于国债的收益，会投资到其他各类不同的资产上，形成一定的资产组合。理财产品的收益来源于所投资资产组合的综合收益，如果资产组合内的底层债券、期权等资产发生市场风险、违约风险和流动性风险，或者无法正常处置，则必然会给理财本金及理财收益带来损失，在极端不利的情况下，甚至可能损失全部本金。可见，受投资资产的运作情况、市场变动的影响而蒙受损失的概率始终存在。

以上说的都是概率，并不代表必然。更大的概率还是能够实现盈利的，否则银行也不会推出这些产品。绝大多数银行理财产品，特别是固定收益类产品，都配置有相当一部分的货币市场工具及高等级债券等，总体而言，其风险要小于股票、基金等投资品种，相对安全、稳健。

2. 信用风险

理财产品不会将全部资金投资于国债等利率债品种上，因为那样投资者就没有必要利用银行投资了，而直接投资国债就好了。为了谋取高于国债的收益，理财产品投资的部分资产必然受交易对手的信用影响。因此，如果投资资产中的投资工具发行人或交易对手信用状况恶化导致交易违约，那么理财产品只能按照投资的实际收益情况，并以资产卖出后实际收到的资金为限支付投资人收益，这必将导致理财产品收益减少，在极端情况下本金也会发生损失。

当然，在理财产品运作过程中，产品管理人肯定会密切关注投资组合的信用风险变化，并根据债务人等信用等级的变化及时调整投资组合，尽最大努力管理信用风险。但只要不是国债等利率债，其他投资资产都将受到信用风险的影响。特别是当前我国的经济发展面临下行压力，加之国际环境复杂多变，各类市场主体的盈利能力受到不同程度的影响，市场上黑天鹅和灰犀牛频频出现，企业债务爆雷和违约事件时有发生,很多专业机构投资者都深陷其中。作为信用产品参与者之一的银行理财产品,同样也面临着这样的风险。

不过,好在长期以来银行就以信用风险管理见长,相较其他各种类型的资产管理者,其对债券有着严格的筛选和准入条件,健全的风险管理体系对信用风险的把握更胜一筹。同时,理财产品的投资也是资产组合,即使偶发某只底层资产的黑天鹅事件,单只债券的风险也不会引起特别大的净值回撤。所以,信用风险是一种客观存在的事实,投资者寻找专业、可靠的机构进行投资才是关键。

3. 市场风险

理财产品本身就是金融市场的一部分,而金融市场(包括但不限于股票市场、债券市场)价格受到经济因素、政治因素、投资心理和交易制度等各种因素的影响,这些因素可能导致理财产品的资产收益水平发生变化,产生风险。比如2022年一季度,美联储要加息缩表,叠加地缘政治和大宗商品震荡,市场对货币政策预期落空,导致股债双杀,市场风险陡增,许多理财产品出现了亏损。

市场风险项下的因素主要包括以下几种。

(1)政策风险:因国家宏观政策(如货币政策、财政政策、行业政策、地区发展政策和监管政策等)发生变化,导致市场价格波动而产生风险,从而对理财产品的收益产生影响。而且理财产品自身也是根据当前的相关法规和政策开发设计的,如相关法规或国家政策发生变化,都可能影响到理财产品的正常运行,进而导致理财产品的收益降低甚至本金损失。政策风险多数是系统性风险,无法预知或者提前规避,一旦发生,必然产生较大的影响。

(2)经济周期风险:随着经济运行的周期性变化,金融市场的收益水平也呈周期性变化,从而影响理财产品的收益水平,对理财产品的收益产生影响。

（3）利率风险: 金融市场利率的波动会导致证券市场价格和收益率的变动, 从而对理财产品的收益产生影响。

（4）购买力风险: 如果发生通货膨胀, 则投资于证券所获得的收益可能会被通货膨胀所抵消, 从而对理财产品的收益产生影响。

（5）汇率风险: 理财产品在实际投资运作过程中, 由于汇率市场出现巨大变化, 也会造成理财产品所投资资产的价格发生波动, 从而影响理财产品的投资收益, 导致投资者的本金和收益可能遭受部分或全部损失。

4. 流动性风险

流动性风险是理财产品投资者面临的常见风险之一。简而言之, 流动性风险就是投资者在购买了理财产品之后, 若有其他用途而需要资金不能及时赎回, 或者在赎回时将面临较高的成本。由于封闭式理财产品必须持有到期, 开放式理财产品不到开放日也不能赎回, 所以, 一旦投资, 投资者便不能自主决定随时可以拿回资金。

另外, 基于理财产品正常管理运行的需要, 一般都会规定, 即使在允许赎回的时候, 若出现巨额赎回现象, 银行也有权拒绝超额部分的赎回申请。这类安排也可能影响投资者的资金流动性安排, 给投资者带来流动性风险。

在银行理财业务实践中, 这类风险应该说最为常见, 经常会有投资者因为急需或临时用钱, 而资金却在未到期的理财产品中压着不能赎回, 遭遇了流动性危机。在之前的多数情况下, 都是委托银行理财经理去寻找"接盘者"的。现在越来越多的银行都上线了银行理财产品转让功能, 搭建了二手交易平台, 投资者可以充分利用这一功能与平台, 化解流动性风险。

当然, 正如我们在第4章里所言, 并不是所有的银行或你购买理财产品的那家银行都推出了转让平台的, 也不是所有的理财产品都允许转让的。要从根本上防范这类流动性风险, 还是要提前做好资产配置和资金使用规划, 防患于未然。

5. 管理人风险

理财产品的发行和投资管理可能涉及较多的管理人, 包括理财产品的投资管理人, 以及理财资金投资产品的管理人, 典型的如所投资的信托计划、资产管理计划、基金的受托人、管理人、相关投资顾问等, 受经验、技能等因素的限制, 他们可能会对信息的获取和对经济形势、金融市场价格走势的判断出现偏差。如管理人判断有误、获取信息不全或对投资工具使用不当等, 都可能导致理财产品项下的理财资金遭受损失。如他们及其内部作业、人员管理及系统操作不当或失误, 或违背相关合同约定、未严格执行风险控制措施、处理事务不当等, 也都可能导致理财产品项下的理财资金遭受损失。

这种风险实际上与银行的资产管理水平密切相关。由于目前金融工具日益丰富, 金融产品的复杂程度和专业程度越来越高, 投资管理人在日常的操作和管理中难免会遇到新情况、新问题。但银行毕竟是专门经营风险的机构, 长期以来形成了较为完备的制度体系, 储备了大量的人才, 虽然个别管理风险时刻存在, 但发生大规模管理风险的概率也是较低的。还有一句话说, 在投资界, 投资重要的就是投资人才。所有的资产要产生收益, 在本质上都是投资管理人经营能力的体现。因此, 还是要回归一句话: 投资还是得选靠谱的专业机构。

6. 延期风险

理财产品预计到期日截止时, 若理财产品所投资的标的资产因信用风险、市场风险等造成理财产品部分或全部不能卖出, 或者所投资的信托计划、资产管理计划、基金的受托人或管理人不能按期划付理财产品的本金和收益，或者理财产品财产涉及诉讼（或仲裁），且于理财产品预计到期日不能执行完毕等，都将导致理财产品延期兑付的情形出现。在此情况下，管理人会将现金类资产扣除相应税费后向投资者分配，其他只能等到资产卖出之后再行分配。如此，投资者不仅面临流动性风险，还会面临无法按照预计存续期限获得相应投资本金及收益的风险。

在特殊情况下，管理人也可能主动决定理财产品延期，这种情况多见于产品收益较好，管理人希望继续投资经营下去。在这种情况下，管理人会提前告知投资者，如果投资者不同意延期，就可以在延期生效前赎回理财产品。

7. 提前终止风险

提前终止风险也是理财产品投资者面临的常见风险之一，提前终止也就是提前到期。那么，理财产品提前到期会面临什么样的风险呢？理财产品提前到期，首先，投资者可能无法实现设想的全部收益；其次，资金提前回笼，打乱了投资者的资金使用计划，如果没有其他更好的投资机会，那么资金的闲置必然降低资金的使用效率；最后，提前到期还有可能是部分提前到期，资金只能回笼一部分，造成事实上的分批到期，加大了投资者优化资金使用计划的难度。

理财产品之所以会提前终止，受到多方面因素的影响。一种典型情形是涉及理财产品的监管政策有变。如遇国家金融政策出现重大调整，或宏观经济形势发生重大变化，影响到理财产品的正常运作，甚至政策直接要求某类理财产品投资涉及的资产必须进行减持或禁止投资，在这种情况下，理财产品将被迫或根据约定提前终止。另一种情形是投资资产的提前还款，如理财产品投向的金融资产项下的借款企业提前还款、债务工具提前到期，理财产品投向的信托计划/资产管理计划等提前终止等，底层资产关系提前终止，可能使得理财资产的管理人决定提前终止理财产品。此外，还可能因为发生不可抗力事件导致理财产品不能存续，甚至理财产品被法院或仲裁机构依法撤销，被认定为无效或被判决、裁定终止。有时，还可能由于产品开放期赎回份额太多，致使理财产品较长时期的总份额低于一定规模下限，此时也可能被宣布提前终止。

理财产品提前终止通常并不会造成投资者的本金亏损。如果投资者能够做好流动性安排，就可以将理财产品提前终止的风险降到最低。

8. 信息传递风险

任何高效的投资必须建立在完善的信息之上。在投资之后，同样也需要充分的信息，以决定后续投资事项的处置。所以，信息不仅仅是决策的参考，信息本身也是一种资源。如果有关银行理财产品的重要信息无法及时传递到投资者手中，就可能造成决策失误，给投资带来不利影响，甚至是无法挽回的损失。

比如，产品提前终止的信息若不能及时传递给投资者，就会造成投资者损失相应的机会成本；开放日的变更或产品净值的信息若不能让投资者及时获取，就可能给投资者带来流动性风险或继续持有的可能损失。

对于理财产品的相关重要信息，银行都会按照产品说明书中有关"信息披露"的约定，定期或不定期披露，但这需要投资者自己及时查询。如果投资者未及时查询，或由于通信故障、系统故障及其他不可抗力等因素的影响，使得投资者无法及时了解产品信息，进而影响投资者做出正确的投资决策，由此极有可能产生相应的风险，造成不利后果。

另外，对于事关产品投资的重大变更信息，银行通常还会主动联系告知投资者。这时，投资者预留在销售服务机构的联系方式就显得非常重要了。如果在投资期间联系方式发生了变更，而投资者忘了及时通知销售服务机构，则可能导致银行在需要联系时而无法及时取得联系，这种情况也可能会影响投资者的投资决策，并带来相应的风险和不利后果。

所以，要想规避信息传递风险，就要保持通信畅通，不仅要养成随时关注投资标的产品信息披露内容的习惯，也要与银行理财经理随时保持联系，以对自己投资负责的态度，时刻保持应有的关注，进而减少信息传递风险。

9. 理财产品不成立风险

一般的理财产品成立都有一个先决条件，如管理规模等。如理财产品从开始认购至产品原定成立日之前，认购总金额未达到规模下限，产品就不能成立。又如国家宏观政策及市场相关法规政策发生变化，或市场发生剧烈波动，或发生其他可能影响理财产品成立或正常运作的情况，在进行综合研判后，银行会觉得成立时机不好，此时银行有权宣布理财产品不成立。

在遇到这样较少出现的情况时，投资者遭受的风险主要表现为资金被冻结几日，只能拿到活期存款利息，特别是如果错过了其他理财产品的购买时机，则还会发生再投资风险，降低资金使用效率。

10. 估值风险

由于理财产品都是净值型产品，因此，在产品存续期内，银行会对理财产品所投资资产进行公允价值评估。因为评估时有的依靠市价，有的依靠技术，有的还会依靠第三方机构，所以评估出来的价格并不代表产品终止最终处置资产时实际获得的财产价值，如果理财产品的估值与实际卖出后获得的价值发生较大程度的偏离，就可能带来决策失误。特别是对于开放式理财产品而言，评估和披露的净值还直接关系到投资者对管理人的评价，以及是否及时赎回和追加投资的决策。

面对这类风险，通常投资者并没有很好的应对策略，只能知晓并接受。要默认其产品的估值是按照有关要求进行的，是可靠的。几乎每家银行都会涉及此类估值问题，投资者几无选择的余地。

11. 不可抗力风险

不可抗力风险是银行或理财产品的"免责条款"。这一条说的是，如果发生什么天灾人祸，那么银行不保证理财产品不会受到影响。因为不可抗力因素的出现，将严重影响金融市场的正常运行，可能影响理财产品的受理、投资、偿还等正常进行，甚至导致理财产品收益降低乃至本金损失。其实这不是理财产品的"专利"，任何投资都可能会遇到这种不可抗力风险。

虽然不可抗力风险不可预测，但却是真实存在的一种潜在风险。如果有投资者投资的理财产品投资资产恰巧涉及，又恰逢理财产品刚好在这一时间段附近到期，那么很有可能其理财产品无法正常兑付、清算。

当然，所谓的不可抗力因素有很多，概指理财产品各方不能预见、不能避免且不能克服的客观情况，该事件会妨碍、影响或延误任何一方依相关理财产品文件履行其全部或部分义务。具体来说，除了像战争、政变、恐怖主义行动、骚乱、罢工等"人祸"外，还包括诸如地震、台风、海啸、洪水、火灾、瘟疫等"天灾"事件，也包括像金融管理部门强制要求终止理财产品的政策突变，运营网络系统遭受黑客攻击、电信部门技术调整或故障等也是不可抗力的范畴。

面对这类风险，通常投资者也没有很好的应对策略，只能知晓并接受。

12. 单方修改产品说明书的风险

一般理财产品说明书中都会有特定情况下单方修改的约定。比如，出于维持产品正常运营的需要，或因国家法律法规、监管规定发生变化，银行有权在法律法规、监管规定允许的范围内单方对产品说明书进行修订。

这种修订条款有时对于投资者的利益将产生实质影响，甚至极不利于投资者，比如投资高风险资产或者提高收费标准等。当然，制度规定，如果银行决定对产品说明书进行修订，则应提前通知投资者，这个提前多数银行规定的都是两个工作日。

因为对诸如投资范围、投资品种、投资比例进行调整，增加费用名目、提高收费标准、修改超额业务分成比例等事关投资者的切身利益，如果银行提出修改，而投资者不同意，则投资者有权在调整生效前赎回理财产品，但逾期未赎回的就会被视为同意。

值得注意的是，这里所谓的通知投资者多数是以在相关网站上进行信息披露即送达的方式进行的。这就要求投资者随时关注相关网站，否则错过了关键信息导致出现风险或损失，只能由投资者自己负责。

13. 特定投资标的风险

除以上较为"笼统"的风险外，理财产品还会因投资不同的资产而遭受各类资产所特有的风险。

比如投资于债券，就有投资债券的特殊风险，如市场平均利率水平变化导致债券价格变化的风险；债券市场不同期限、不同类属债券之间的利差变动导致相应期限和类属债券价格变化的风险；债券发行人的经营状况发生变化，可能导致债券市场价格下跌或无法按时偿付本息,从而影响理财产品的收益水平;债券发行人、担保人违约、拒绝支付到期本息,或由于债券发行人、担保人信用质量降低,导致债券价格下降及无法收回投资收益的风险;投资于信用等级较低的债券,将因为发行主体的偿还债务能力降低、受不利经济环境的影响更大及违约风险更高等而面临更大的投资风险;相对于其他公开发行的债券,非公开定向债务融资工具、非公开发行公司债的流动性较差,其流通和转让均存在一定的限制,因此投资于非公开定向债务融资工具将面临较大的投资风险等。

投资于股票也会有与股票相关的特殊风险,如国家政策变化与宏观经济运行周期性波动,导致市场价格水平波动的风险;上市公司的经营状况发生变化,导致股票价格变动的风险;创业板市场上市公司相较主板市场上市公司,股票价格更易受资金供求影响而出现剧烈变动,从而导致风险;上市公司股票的股息率与公司利润情况、分配政策等因素相关,基于公司历史和预测分析构建的投资组合,其股息率具有不确定性,从而导致风险;科创板相比其他板块,由于公司性质和管理制度的差异和变化,可能存在股价产生更大波动的风险等。

其他如参与港股通股票交易,参与投资资产支持证券、衍生金融工具、可转换债券和相关信托受益权、资产管理计划或基金,都将会面临与投资资产或产品相关的特殊风险。这些都需要投资者结合自己购买的理财产品的具体投向进行进一步了解。

以上罗列的风险就是理财产品说明书中载明的各类风险。虽然风险种类繁多,但长期以来,银行理财产品的本金和收益保障率还是很高的。即使目前理财产品都打破了刚性兑付,都是不保本的,但风险也似乎并没有多大。现在市场上出现的理财产品跌破1元净值的现象,其实不论是亏损范围还是亏损比例,远比其他股票或基金要小。但是,毕竟净值化的理财产品不再保本了,没有了银行的刚性兑付，了解理财产品可能遭遇的风险，对于我们客观认识理财产品投资、正确选择理财产品，无疑具有重要作用。

8.2　波动率与最大回撤

随着银行理财产品净值化的普及，产品净值随时波动的特征也引起了投资者对投资风险的空前关注。之前适用于基金风险的评价指标也被用来衡量理财产品的风险，典型的就是波动率和最大回撤这两个指标。那么，什么是波动率？什么是最大回撤？关注这两个指标有什么作用呢？

1. 波动率

理财产品的波动率是对理财产品投资回报率的变化程度的度量，它通常用资产回报率的标准差来衡量。它可以描述某只理财产品净值的波动程度，衡量该理财产品投资的收益稳定性或者风险水平如何。波动率越高，代表理财产品净值的波动越剧烈，容易出现高风险、高收益；波动率越低，代表理财产品净值的波动越缓和，一般风险低、收益也低。

那么，如何计算波动率呢？在一般情况下，可使用如下计算公式：

$$\sigma_{\mathrm{M}} = \sqrt{\frac{\sum_{t=1}^{n}\left(TR_t - \overline{TR}\right)^2}{n-1}}$$

$$\sigma_{\mathrm{A}} = \sigma_{\mathrm{M}}\sqrt{12}$$

其中，σ_{A}表示历史年化标准差（历史年化波动率）；σ_{M}表示月度总回报率的标准差；n表示计算期间所含月数；TR_t表示第t个月的产品总回报率；TR表示n个月的产品总回报率平均值。举个例子：

A款理财产品的月度总回报率的标准差=0.15，那么该产品的历史年化波动率为

$$\sigma_A = \sigma_M \sqrt{12} = 0.15 \times \sqrt{12} = 51.96\%$$

那么，波动率对投资体验有什么影响呢？从逻辑上来说，如果一只理财产品净值的波动率较低，那么投资者在买入和卖出理财产品时心态会更加平和，持有体验更好，持有周期也会更长，长期持有获得正收益的概率也会有所提高。固定收益类理财产品多具有这种特点，适合追求保守和稳健型的投资者。

而如果理财产品净值的波动率较高，那么一般此类产品在风格上会比较激进，如权益类理财产品。由于投资资产中权益类资产较多，价格波动大，导致理财产品净值的波动率也大，投资者对这样的产品在买点和卖点上难以把握，大多数人会倾向于追涨杀跌，从而导致实际到手收益率下降。这类产品适合进取型和激进型的投资者。

有人通过分年度统计交易损耗与基金净值波动率的关系，发现波动率越高的基金，交易损耗越高，即低波动率的基金持有体验更好。其中，交易损耗=持有人实际收益率-净值增长率。交易损耗的绝对值越高，意味着持有的基民更容易高买低卖、追涨杀跌，从而导致基民整体实际投资收益率的下降。

借鉴这一理念，为了降低理财产品的交易损耗，还是建议大家多投资波动率相对较低的理财产品。

2. 最大回撤

最大回撤是指在选定周期内任一历史时点往后推，产品净值走到最低点时

的收益率回撤幅度的最大值。由定义可见，最大回撤不是固定值，它代表某款理财产品在过去某时间段内所产生的最大亏损幅度，是某产品在过去某时间段内最糟糕的业绩表现。

那么，如何计算最大回撤呢？

举个例子：投资者购买的A款理财产品净值在一年内经历了两次下跌。其净值从1月的1元跌到2月的0.95元，随后在3月上升到1.06元，然后再次下跌到4月的1.02元，并在5月达到1.12元。

那么A产品在1—2月的最大回撤，即从1月的1元下跌到2月的0.95元，跌幅为5%[(0.95−1)÷1]。

在3—4月的最大回撤，即是从3月的1.06元下跌到4月的1.02元，跌幅为3.77%[(1.02−1.06)÷1.06]。

在计算完A产品的最大回撤后，将其与同一时间段内其他产品的最大回撤相比较，便可知道该产品相对而言表现是否稳健。

3. 为什么关注波动率和最大回撤

波动率和最大回撤虽然都可以衡量理财产品的投资风险，且二者都与产品风险成正比。波动率越大，收益越不稳定；波动率越小，收益越稳定。最大回撤越小，说明面临的风险越小；最大回撤越大，说明面临的风险越大。

因为这两个指标都具有揭示风险大小的作用，所以在投资中，广大投资者可以灵活应用这两个指标，帮助提高决策水平和投资感受。

一是可以助力衡量风险承受能力。每位投资者所能承受的风险具有差异性。波动率衡量产品净值的波动程度，最大回撤衡量在某时间段内某产品的最糟糕的业绩表现。最大回撤和波动率越大，对投资者的心理考验就越大。如果波动率和最大回撤超过自己的承受范围，则会影响投资体验，造成焦虑、恐慌等情绪的出现，进而使投资行为不理性。

二是可以助力筛选产品。每只理财产品都各有特色，虽然不能仅凭波动率与最大回撤判断理财产品的绝对优劣，还需要综合产品类型、投资风格、成立时间、收益等情况进行分析，但波动率和最大回撤确实有助于我们选取更为优秀或者更适合自己的产品。假设在同一时期内，A、B两只产品的收益率都是5%，你更倾向于选择哪一只? A、B两只产品的特点鲜明，A产品在该时间段内波动率和最大回撤都相对较小(最大回撤为3%)，B产品在该时间段内波动率和最大回撤都相对较大(最大回撤为10%)。虽然二者在上述的投资期内获得了相同的最终收益，但是A产品的波动率和最大回撤都更小，投资者的投资体验更好。

三是可以助力投资规模管理。类似股票和基金投资的仓位管理一样，利用波动率和最大回撤，可以帮助大部分投资者控制风险。例如，最大回撤提供了可计算的参考值，投资者可根据单只产品的最大回撤，计算出符合自己风险承受力的投资规模，以决定自己在开放期是赎回还是追加申购。参考公式为: 投资规模=可承受最大亏损÷产品最大回撤。假设某投资者只能承受5%的最大亏损，如果B款理财产品的最大回撤是10%，那么该投资者购买B款理财产品的仓位应该控制在50%; 而C款理财产品的最大回撤是6%，那么该投资者可以配置80%左右的仓位。剩下的可投资资金应该做一些风险相对较低的投资。

8.3 理性看待理财产品"破净"

随着银行理财产品的刚性兑付被打破，产品全面转型为净值型，理财产品

"破净"就是必然会出现的现象。道理如此，但当真的产品跌破净值，投资者还是会变得不淡定。

2021年，"资管新规"过渡期平稳结束，银行理财业务基本实现了净值化转型。2022年伊始，刚刚步入全面净值化新阶段的银行理财就迎来了净值回撤的首场考验。自2022年年初以来，受国内外股票和债券市场共振调整影响，市场规模达29万亿元的银行理财，出现了不少产品业绩波动甚至跌破净值现象，一季度市场上有3 000只左右的银行理财产品净值跌破1元。

"说好的银行理财风险低，怎么也亏了？""真没想到银行理财还能负收益。"一时间，对于银行理财遭遇的"滑铁卢"众说纷纭。以至于有监管部门亲自下场进行理财产品净值波动的风险提示，部分理财子公司给投资人发布公开信，并以自有资金投资旗下理财产品，更有不少投资者到银行进行投诉（见图8-2）。

图8-2　某用户在投诉平台晒出的理财收益图

面对理财产品"破净",该如何理性看待呢?

1. 银行理财整体稳健,无须恐慌

一是破净比例并不高,净值跌幅并不大。普益标准监测数据显示,截至2022年3月28日,正在经历单位净值"破净"的产品占比为8.43%。其中,有81.83%的产品将单位净值控制在0.98元以上,净值跌幅相对可控。

二是固定收益类和低风险评级产品表现良好。从产品类型来看,固定收益类产品破净占比为5.6%;混合类产品及权益类产品自2022年年初以来均有超过四成的产品出现"破净"。从"破净"产品的风险级别来看,R1产品未发生"破净",R2产品发生"破净"的概率也相对较小,仅有4.12%。即使发生"破净",R2产品止损和回撤控制表现也明显优于R3、R4和R5产品。固定收益类产品平均回撤仅为0.33%,其中纯固定收益类产品平均回撤为0.15%,"固收+"产品平均回撤为0.35%。可见,不同类型的产品由于底层资产不同,面临的风险不同,评级风险越低的产品发生破净的可能性越小。现有的产品风险评级对揭示风险还是非常有效的,投资者需要坚持风险匹配原则,购买适合自己的产品。

三是与基金相比,理财产品表现优异。2022年一季度,除原油、煤炭、黄金等涉及商品类的QDII基金、另类投资基金和被动指数基金表现较好外,其他股票基金、偏股类混合基金表现都较差。如普通股票基金实现正收益的占比不足1%,偏股混合型基金实现正收益的占比不足2%,灵活配置型基金实现正收益的占比不足4%,可以说绝大多数是亏损的。与此相比,银行理财产品继续表现出了长久以来的稳健特征。

2. 黑天鹅与灰犀牛共成"破净"

一是黑天鹅造成资产联动下的"股债双杀"。自2022年以来, 黑天鹅事件叠加影响, 债券市场和权益市场共振调整 (见图8-3和图8-4), 导致银行理财产品的底层资产价格出现明显下跌, 造成了部分银行理财产品"破净"。而大量的"固收+"产品强化了大类资产之间的联系, 在一定程度上放大了此次股债市场共振的负面效果。当市场悲观情绪引发投资者集中赎回时, 理财产品将不得不出售各类底层资产以满足投资者的赎回需求; 而底层资产抛售行为迫使各类底层资产价格进一步下跌, 加深股债市场共振的负面影响, 再度压低理财产品净值。黑天鹅因素是影响理财产品净值下跌的一次性和短期性因素, 随着扰动因素的减少, 2022年一季度末不少理财产品净值已逐步恢复正增长, 投资者不必过分忧虑, 长期无虞。

数据来源: 同花顺iFinD
注: 数据为2022年1月4日至2022年4月1日上证指数的表现。

图8-3　2022年一季度沪指明显回撤

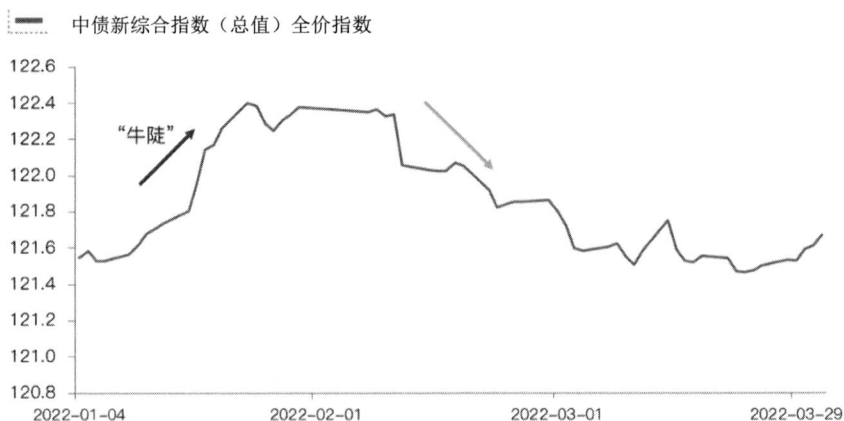

图8-4　2022年一季度债市震荡明显

　　二是灰犀牛造成理财产品估值实时波动。"资管新规"要求理财产品净值化，估值坚持市值法，这对理财产品的表现而言就是一头灰犀牛，它必然导致理财产品的市值实时反映与上下波动，但却在真正出现较大面积"破净"引起警觉之前被忽视。从摊余成本法到市值法的调整，使得底层资产的波动被真实地体现在产品的净值表现上。在"资管新规"出台前，银行理财产品对债券类资产采用的估值方法多为摊余成本法，每日计提收益，净值稳定增长，很多产品到期才披露收益，即使交易出现亏损也会刚性兑付，从而形成"理财产品不会亏"的错觉。然而，在"资管新规"出台后，市值法不仅要考虑理财产品投资于债券类资产的票面利率，每日计提收益，还要考虑因市场表现变化造成的底层资产价值波动，并让这些波动清晰地反映在理财产品的净值上，而且还及时进行披露，将净值波动直接呈现给投资者。市值法的灰犀牛因素是影响理财产品净值波动的长期性和系统性因素，长期存在。

3. 短期波动不对最终收益产生过多影响，切勿提前离场

　　由于银行理财一般持有债券至到期，因此短期波动对最终收益不会产生过多影响。银行理财产品投资的资产相较于公募基金而言相对稳健，其主要投向于各类存款、债券等固定收益类资产，部分产品会配置权益类资产（如股票、基金等）。由于近期股票及债券市场大幅波动，理财产品投资的底层资产（包括股票及债券）受到暂时冲击，进而反映到产品净值波动上。不过，短暂的收益涨跌都只是一时的表现，不要太纠结于一日或者几日的净值波动。就理财产品主要投资标的——债券而言，所投债券通常持有至到期，在短期内债券价格涨跌会引起产品净值波动，但不影响债券到期收益率，也就是说，短期波动不会对最终收益产生过多影响（见图8-5）。对于一定投资周期的理财产品而言，短期的表现可能还不到理财产品全运作周期的几分之一，暂时的亏损只是整条收益曲线中的一小段，只有在到期时才会真实展现产品盈亏。所以，将时间线拉长，大概率仍然能获得稳定的收益。

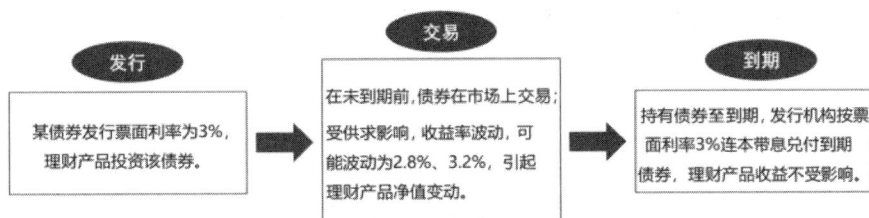

图8-5　债券投资收益变动情况

净值化管理是对刚性兑付的纠偏，投资者必须树立正确的理财观念，正确认识风险与收益相匹配的投资基本原则，审慎评估自身的风险承受能力，选择风格相匹配的理财产品类型。投资者一旦选择，就应坚定信心，聚焦长期视角，坚决避免类似基金那样，因为大量赎回引发连环踩踏，导致场内很多基金处于折价状态。如果投资者在理财产品下跌的时候不断地赎回产品，兑付压力会让投资经理大量地抛售债券资产，导致债市下跌，而债市下跌会带动其他以债券为主要投资标的的理财产品一起下跌，"羊群效应"形成"理财踩踏"，陷入恶性循环。

投资不是一蹴而就的过程，就是要收获时间的玫瑰。

面对短期波动，投资者首先需要主动了解各类型产品的基本风险收益特征，时刻牢记投资就有风险，高收益对应高风险，低收益对应低风险，减少非理性的收益预期；其次需要重新审视自己的风险偏好，明确投资需求，规避盲目跟风情况的发生，并在投资需求与风险偏好出现偏离时尽可能调整投资方案；最后需要充分相信专业机构，理性看待理财产品的短期净值波动，尊重市场规律，避免追涨杀跌。正如媒体所言：行情总在绝望中产生，不在高峰时慕名而来，也不在低谷时转身离去。投资者应树立理性投资、长期投资、价值投资的理念，最终实现财富保值、增值。

8.4　正确评价投资者自己的风险承受能力

诚如前言，要想获得比国债高的收益率，就要承受额外的风险。投资者投资银行理财产品就是要取得相应的较高收益。而成功的投资者不但要了解投资产品的风险，更要了解自己的风险承受能力。有的投资者可能会说："我炒股都好多年了，还用评估吗？我的风险承受能力一定很高呀。"有的投资者会说："这些年我一直购买银行理财产品，所以我的风险承受能力一定很低吧。"其实，这些都不能作为风险承受能力的评判标准。

对于大多数投资者而言，"对自己进行风险评级"是既有些熟悉又有些陌生的概念。说熟悉，是因为在购买银行理财产品前都会被要求做一份风险测评；说陌生，是因为很多时候对待这类测评都只是"走个过场"，并无认真对待。在现在投资者对理财产品净值波动特别在意的情形下, 对于每一位投资者来说, 是时候好好重新认识一下风险评级究竟为何物了。

8.4.1　投资者风险承受能力评级

根据监管要求, 商业银行销售理财产品, 必须遵循风险匹配原则。为了实现理财产品风险与投资者风险承受能力相匹配, 银行理财市场共有两类风险评级: 一类是对理财产品进行评级; 另一类是对投资者进行评级。在商业银行理财产品风险评级的基础上, 对投资者的风险承受能力进行评级, 实际上就是不让投资者购买超出自己风险承受能力的理财产品, 在购买时, 投资者只能选择自己相应评级及以下评级的理财产品。

可见, 对银行而言, 之所以要对银行理财产品和投资者进行风险评级, 就是要求银行在理财产品销售过程中, 做到 "了解你的产品" 和 "了解你的客户", 实现理财业务风险匹配, 避免出现客户风险承受能力与购买产品不匹配的现象。在实际销售过程中, 监管还要求银行在销售文件中明确提示产品适合销售的投资者范围, 在销售系统中设置销售限制措施。

前面在第4章中对理财产品的风险评级进行了说明, 在这里对投资者风险承受能力评级进行说明。

先看结果。与理财产品风险基本分为五级类似, "理财新规" 规定, 商业银行应当对非机构投资者的风险承受能力进行评估, 确定投资者风险承受能力等级, 由低到高至少包括一级至五级, 并可以根据实际情况进一步细分。据此, 多数银行将投资者风险承受能力评级也分为五级。如中国工商银行将投资者风险承受能力由低到高分为保守型、稳健型、平衡型、成长型、进取型五级; 中国农业银行则将其分为保守型、谨慎型、稳健型、进取型、激进型五级；而招商银行将投资者风险承受能力分为稳健型、平衡型、增长性、进取型、激进型五级。

从中可见，同一个名字的风险等级，比如稳健型，在中国工商银行的分级中属于五级中的第二级，在中国农业银行的分级中则属于五级中的第三级，但在招商银行的分级中则属于五级中的第一级。所以，大家不要看风险等级的命名，重要的是看你属于哪家银行分级中的哪一级，并与该行销售的理财产品的风险评级进行匹配。在这一点上，不同银行之间不能混用，你不能说我在中国农业银行评过了是稳健型的，可以购买中等风险产品，所以你就觉得到招商银行也能购买中等风险产品，这是不通用的。这也是你到每家银行购买理财产品都要进行一次风险评估的原因。

所以，从普遍意义上讲，用风险等级中的第几级来表达更为准确。例如：

第五级，即风险承受能力最高者，能够承受高概率的本金损失，该类型的投资者适合购买所有类型的产品。

第四级，即风险承受能力较高者，能够承受较高概率的本金损失，该类型的投资者适合购买低风险、中低风险、中等风险和中高风险的产品。

第三级，即风险承受能力中等者，能够承受一定概率的本金损失，该类型的投资者适合购买低风险、中低风险和中等风险的产品。

第二级，即风险承受能力较低者，能够承受较低概率的本金损失，该类型的投资者适合购买低风险和中低风险的产品。

第一级，即风险承受能力最低者，能够承受低概率的本金损失，该类型的投资者只适合购买低风险的产品。

以上是通用型的原则和分类。但市场中也有少数较为特殊的银行，对自己的产品风险评级或者对投资者的风险承受能力评级与众不同，大家在投资理财产品时，必须结合具体的银行，根据其具体要求进行评估和购买。在这里给大家展示两家比较特殊的银行。

一家是交通银行。在第4章中提到过交通银行的理财产品风险评级分类，共分为六级：保守型产品（1R）、稳健型产品（2R）、平衡型产品（3R）、增长型产品（4R）、进取型产品（5R）、激进型产品（6R）。与此相对应，该行对投资者的风险承受能力评级也分为六级。因其比较特殊，列示见表8-1。

表8-1　交通银行投资者风险承受能力评级

风险分级	投资风险承受程度
保守型	表示投资者不愿意接受本金损失，以资金安全为首要目标
稳健型	表示投资者愿意承担较低程度的投资风险，适合投资于本金风险相对较小、具有一定升值能力的投资工具
平衡型	表示投资者愿意承担中等程度的投资风险，适合投资于有温和升值能力而投资价值有温和波动的投资工具
增长型	表示投资者愿意承担较高程度的投资风险，适合投资于有升值能力而投资价值有波动的投资工具
进取型	表示投资者愿意承担高程度的投资风险，适合投资于高升值能力而投资价值波动大的投资工具
激进型	表示投资者愿意接受程度极高的投资风险，适合投资于极高升值能力而投资价值波动极大的投资工具；在最坏的情况下可能导致失去全部投资本金并对投资所导致的任何亏损承担责任

大家可以看到，交通银行评估出的投资者风险等级的"稳健型"处于六个级别中的第二级，与其他银行五分级别中的第一级、第二级和第三级显然存在较大差别。

另一家是招商银行。该行将投资者风险承受能力分为稳健型、平衡型、增长型、进取型、激进型五级，但是，其每级可投资的理财产品等级都可向上兼容一级，如第一级的稳健型投资者除了可以投资R1级产品外，还可以投资R2级产品；第二级的平衡型投资者不仅可以投资R1和R2级产品，还可投资R3级产品；第三级的增长型投资者不仅可以投资R1、R2、R3级产品，还可投资R4级产品；第四级的进取型投资者和第五级的激进型投资者可投资全部等级产品，如图8-6所示。

	激进型	进取型	增长型	平衡型	稳健型
R1 （低风险产品）					
R2 （较低风险产品）					
R3 （中等风险产品）					
R4 （较高风险产品）					
R5 （高风险产品）					

图8-6　招商银行不同风险等级产品对应的投资者风险承受能力

所以，还是那句话，重要的不是去看风险等级的具体命名，而是要看你在哪家银行评估属于哪一级，并与该行销售的理财产品的风险评级进行匹配。

8.4.2　投资者风险承受能力评估问卷

接下来再看看银行是如何对具体投资者进行风险评级的。一般来说，在进行投资者风险承受能力评估时，银行应综合考虑投资者年龄、财务状况、投资经验、投资目的、收益预期、风险偏好、流动性要求、风险认识以及风险损失承受程度等因素，并以不同的等级来体现。

具体的途径和方法是通过风险评估问卷进行的。"理财新规"规定，商业银行不得在风险承受能力评估过程中误导投资者或者代为操作，要确保风险承受能力评估结果的真实性和有效性。因此，购买过银行理财产品的投资者都知道并亲身经历过这样的情景：理财经理拉着你来到银行销售理财的专用柜台或区域，让你坐下，倒上一杯水，有的还会奉上一盘糖果、糕点，或者水果、咖啡，在桌上给你展开一张问卷，让你据实填写；然后，理财经理根据你的问卷选项，按照不同得分给你汇总出一个具体的分数，并告诉你具体的风险等级。这样就万事大吉了，告诉你可以购买理财产品了。

问卷大体是什么样子的呢？特别是许多银行设计的评估问卷只有选项，并没有直接对应的分数，答完后，理财经理经过赋值汇总，才告诉你，你的风险类型具体属于哪一级，并让你确认。多数银行甚至都不告诉你的总体得分，更不会告知你具体的分值以及是如何加总的。而且评估问卷就一份，答完之后银行收走保管，投资者手中并不保留，投资者都填写过，但大多比较糊涂。

在这里附上一份比较完整的某银行风险评估问卷，让大家一目了然。问卷有具体的选项得分，投资者选答结束后，就可以知道自己对应的风险等级。

个人投资者风险承受能力评估问卷

重要提示：

1. 请您先根据自身实际情况认真填写本问卷。本问卷旨在了解您的财务状况、投资经验及风险承受能力等，以协助您选择合适的产品。如果您的有关情况发生重大改变或距上次填写时间超过 1 年，请您重新填写。不准确、完整地填写问卷可能对产品购买带来不利影响，本行对因此产生的后果不承担任何责任。本问卷包括 18 个问题，每个问题只能勾选一个选项，多选或不选均按最低分值计算。在产品说明书中可能需要用到本问卷的评估结果。

2. 投资者可能遭受本金及收益风险、信用风险、市场风险、流动性风险、市场风险、估值风险、不可抗力风险等各类风险。

3. 您若对本问卷内容有任何疑问，请向理财经理咨询。

个人投资者资料：

姓名：　　　　电话：　　　　证件名称：　　　　证件号码：

问卷题目（单选，请在所选答案对应的□中打√）

1. （个人状况）您的年龄介于：
□≤ 18 岁（-3）　□ 19～25 岁（3）　□ 26～40 岁（5）　□ 41～54 岁（4）　□ 55～64 岁（-5）
□≥ 65 岁（-10）

2. （个人状况）您的最高学历是：
□初中（-3）　　□高中及同等学力（-1）　□本科及以上（0）

3. （财务状况）依据您目前的情况，以下哪项最符合您和您的家庭对于自身未来 5 年收入的预期：
□快速增长（5）　□缓慢增长（4）　□维持稳定（3）　□不确定（2）　□下降（1）

4. （财务状况）以人民币计算，您的家庭净资产总值（不包括自用住宅和私营企业等实业投资，同时亦扣除债务如房屋贷款、消费贷款、信用卡账单等）介于：
□≥ 100 万元（5）　□ 70 万～99 万元（4）　□ 50 万～69 万元（3）　□ 16 万～49 万元（2）
□≤ 15 万元（1）

5. （财务状况）您是否有尚未清偿的数额较大的债务（数额较大指余额超过资产净值30% 以上），如有，其性质是：
□无（5）　□仅有银行发放的住房抵押贷款（4）　□以银行发放的信用类贷款为主（3）
□以非银行机构提供的短期融资为主（2）　　□以亲友借款为主（1）

6.（财务状况）您的净资产中，可用于金融投资（储蓄存款除外）的比例是多少？

□≥70%（5）　□50%～70%（4）　□30%～50%（3）　□10%～30%（2）　□≤10%（1）

7.（财务状况）您未来5年内需要抚养、扶养和赡养的，以及无稳定收入（或有稳定收入，但收入无法满足日常生活开支）的人员数量：

□1～2人（0）　□3～4人（-1）　□5人以上（-3）

8.（投资经验）以下哪项最符合对您投资经验的投资描述？

□对金融产品及其风险有充分理解，大部分金融投资集中于权证、期货、期权等产品的交易（5）

□对金融产品及其风险有充分理解，大部分金融投资集中于股票、基金、外汇、贵金属等产品的交易（4）

□对金融产品及其风险有基本理解，大部分金融投资集中于股票、基金、银行理财、信托、国债等产品的交易（3）

□对金融产品及其风险有基本理解，大部分金融投资集中于国债和存款（2）

□除银行存款外，几乎没有其他投资（1）

9.（投资经验）一位投资者一个月内做了15笔交易（同一产品、同一品种买卖各一次算一笔），您认为交易频率：

□偏低（5）　□正常（4）　□无所谓（3）□偏高（2）　□太高（1）

10.（投资经验）您在过去一年内买卖金融产品的数量：

□13个以上（5）　□7～12个（4）　□4～6个（3）　□1～3个（2）　□0（1）

11.（投资风格）您打算重点投资于哪种金融产品？

□参与私募股权投资、创业投资等（5）　□期货、期权、融资融券等（4）　□股票、基金、外汇、贵金属等收益波动较大的资产（3）

□中等风险以下的银行理财产品（2）　　□国债、货币市场基金等低风险资产（1）

12.（投资风格）综合收益和风险，如果您有100万元资金，您最愿意如何安排您的投资？

投资A：较大可能获取5%收益，可能承担的本金损失较小

投资B：较小可能获取30%收益，可能承担的本金损失较大

□全部投资于B（5）　□大部分投资于B，小部分投资于A（4）　□各投一半（3）

□大部分投资于A，小部分投资于B（2）　□全部投资于A（1）

13.（投资目的）您和您的家庭希望将金融产品投资及回报用于：

□迅速获得高收益，大幅改善生活（5）　□在个人经营或证券投资之外，实现投资增值（4）

□获得股息、分红等（3）　　　　　　　□养老、医疗或育儿（2）　　　　　□偿付债务（1）

14.（投资目的）对您而言，保本比追求高收益更为重要。

□非常不同意（5）　□不同意（4）　□无所谓（3）□同意（2）　□非常同意（1）

15.（风险偏好）对于理财产品、股票、基金等金融产品，你可以接受的最长投资期限为：

□≥5年（5）　□3～4年（4）　□1～2年（3）　□1年以内（2）　□无所谓（3）

16.（风险偏好）您对长期投资收益和风险所持的态度是：

□我希望承担风险，愿意为获得较高收益而承受较大的负面波动，能够承担本金损失（10）

□我能够承担风险，愿意接受一定范围的负面波动以提高投资的潜在收益，能够承担部分本金损失（8）

□我对风险的态度一般，愿意为较高的潜在收益而承受较小的负面波动（6）

□我希望避免风险，愿意为较高的潜在收益而承受轻微的负面波动（4）

□我不愿意承担风险，也不能接受投资的价值下跌（2）

17.（损失承担程度）对您而言，理财产品、股票、基金等金融投资出现哪种情况时您会焦虑？

□本金损失50%以上（5）　□本金损失30%～50%（4）　□本金损失10%～30%（3）

□本金损失10%以内（2）　□本金无损失，但收益未达预期（-3）

18.您认为您是有投资经验的投资者，还是无投资经验的投资者？

□有投资经验的投资者：曾投资于股票、基金、信托、外汇及其衍生品、贵金属及其衍生品、非保本银行理财产品，且累计投资期限在两年以上（0）

□无投资经验的投资者：未投资于上述产品，或投资上述产品的期限不满两年（-35）

投资者问卷得分与风险类型对应（由银行填写）

投资者问卷得分	分值区间	投资者风险类型	
分	65 分以上	□激进型	理财经理签字：
	64～50 分	□进取型	
	49～35 分	□稳健型	
	34～20 分	□谨慎型	业务主管签字：
	19 分以下	□保守型	

投资者确认（仅供投资者使用）：

本人声明，已经根据自身实际情况和判断，认真如实填写完成了本问卷，并已充分了解自身的风险承受能力和风险类型。

投资者签字：＿＿＿＿＿＿＿　　　　　日期：＿＿＿＿＿＿

个人投资者风险承受能力评估问卷使用说明

一、本问卷适用于个人投资者购买本行自主管理和代销的资产管理产品。

二、本问卷将投资者的风险类型按照由低到高的顺序，分为保守型、谨慎型、稳健型、进取型和激进型五类。

三、根据产品的风险大小，将本行自主管理和代销的资产管理产品按风险等级，由低到高分为低风险、中低风险、中等风险、中高风险和高风险五类。

四、根据产品风险和投资者风险类型不同，投资者适合购买的产品风险类型亦有不同，具体为向下兼容，见下表。

	低风险	中低风险	中等风险	中高风险	高风险
激进型	合适	合适	合适	合适	合适
进取型	合适	合适	合适	合适	不合适
稳健型	合适	合适	合适	不合适	不合适
谨慎型	合适	合适	不合适	不合适	不合适
保守型	合适	不合适	不合适	不合适	不合适

五、投资者购买产品前应认真、如实填写本问卷。银行根据评分标准给投资者完成的问卷逐题评分，根据投资者得分认定投资者的风险类型，经理财经理和业务主管审核签字后将评估意见告知投资者，由投资者签字确认。

六、投资者同时购买多个资产管理产品时，可以只填一次本问卷。

七、投资者填写本问卷一年后再次购买资产管理产品时，必须重新填写本问卷。如投资者发生了可能影响自身风险承受能力的情形，再次购买资产管理产品时应当主动要求重新进行风险承受能力评估。

八、如果投资者的风险类型不适合购买某款资产管理产品，则销售人员不得向投资者销售该款产品。如果投资者没有风险容忍度或者不愿承受任何投资损失，则只能向其销售低风险产品。如果投资者不具有完全民事行为能力，则应在履行法律认可的程序后方可向其销售，且只能销售低风险产品。

九、本问卷为一份正本，填写完毕后由本行保管。

其实，通过问卷的方式虽说有助于判断一位投资者的风险承受能力大小，但是要说多么准确也不一定，其更大的作用是测试投资者和投资产品的合适性。例如，问卷中涉及投资者的资产状况，该指标并不能准确反映其风险承受能力，比如一位资产净值为一千万元的投资者，其购买5万元的理财产品和购买500万元的理财产品，风险是截然不同的。

当然，风险评估问卷的准确性还依赖于投资者准确作答。在实务中，为了让银行推荐更多的理财产品，或者方便购买到更多的理财产品，不少投资者在回答问卷时，故意挑选得分高的选项，在我们日常的接触中，发现这类人还不在少数，而且越是年轻的人，越是倾向于故意根据得分高低来选答。投资者都希望在风险可控的情况下收益越高越好，但是实际上，风险与收益成正比，收益越高，风险也越高。

所以，在很多时候仅仅依靠风险评估问卷并不一定就能准确评估出某位投资者真实的风险承受能力。在更多的情况下，通过问卷测评起到提醒作用，让投资者有风险意识，要让他意识到，许多因素都对他的投资有影响。银行则在投资者问卷填答的基础上，得出一个大致的判断，然后据此向客户推荐相应的产品，事实上起到一种"免责声明"的作用。

不过，回归投资的本源，对于投资者来说，清楚地认识到自身的风险承受能力和投资能力当然非常重要。但是，仅仅依据一个简单的问卷调查，就能决定自己的投资风险承受能力甚至投资的"生死"，其作用恐怕是在一定程度被夸大了。但是，尽管如此，相互提醒银行和投资者，努力实现风险收益水平的匹配，还是必要的。比如，某投资者的风险承受能力极低，真实的风险评级为保守型，而且据此匹配购买PR1级银行理财产品，即使在2022年一季度资本市场大幅震荡的环境下，产品也不会"破净"，仍能实现正收益，本金毫发无损。所以，还是建议大家一定要认真对待银行的风险评估问卷,实事求是,尽量准确,即使不够精准,但却是你与银行理财产品在风险维度建立的唯一联系,也是守护你投资安全的第一道屏障。

大家要牢记:投资是自己的事情,也只有自己才更加清晰地知道自己的投资目标和风险承受能力。赚了、亏了,都是自己的。不管银行如何去评估你的风险承受能力,关键是你自己要明白,你的投资只能由你做主,投资有风险,只有你承担。

最后,就自身风险承受能力的真实感受和评价,给大家一个自我检测的小窍门:睡眠质量检测法。也就是说,在投资之后你的睡眠质量怎么样?能睡着则说明投资在你的风险承受能力范围之内,睡不着则说明风险超出了你的承受能力范围。

小贴士:

银行销售理财产品的"面签"与"双录"

2011年8月,银监会发布《商业银行理财产品销售管理办法》(以下简称《管理办法》),要求银行销售理财产品,应当遵循风险匹配原则,只能向客户销售风险评级等于或低于其风险承受能力评级的理财产品。《管理办法》首次规范了"面签"要求,即银行应当在客户首次购买理财产品前在本行网点进行风险承受能力评估,完成评估后要将评估结果告知客户,由客户签字确认。"面签"能够更好地保证理财产品购买者身份的真实性,并且确认是本人购买的,其目的在于核实客户身份、评测客户风险承受度、确保客户资金的安全。2018年12月,银保监会发布《商业银行理财子公司管理办法》,规定个人投资者首次购买理财产品前应通过本公司渠道(含营业场所和电子渠道)进行风险承受能力评估。此举意味着,对于理财子公司销售理财产品,不再强制要求个人投资者首次购买时进行"面签"。

历史上，随着银行理财业务的快速发展，产品种类逐步增多，复杂性日益提升，规模不断扩大，部分机构在开展业务的过程中出现了误导销售、私售"飞单"等问题，致使消费者的合法权益遭到侵害。为此，银监会于2016年2月印发了《关于加强银行业消费者权益保护 解决当前群众关切问题的指导意见》，对于银行销售理财产品，首次提出了专区录音录像的原则性意见。2017年8月，银监会发布《银行业金融机构销售专区录音录像管理暂行规定》，要求银行在营业场所销售理财产品时，应实施专区"双录"管理，即设立销售专区，并在销售专区内装配电子系统，对每笔产品销售过程同步录音录像。影音资料要清晰、完整、连贯，能够明确辨认销售人员与消费者的面部特征，录像资料至少保留到产品终止日起6个月后或合同关系解除之日起6个月后，发生纠纷的要保留到纠纷最终解决后。在"资管新规"和"理财新规"颁布后，上述管理要求继续有效。

第 9 章

投资是一个细致活儿，诸多细节勿忽视

通过前面几章内容，大家对银行理财产品应该有了一个比较清晰的了解，包括银行理财产品发展的来龙去脉、产品本身的收益与风险结构、银行理财产品的运作模式，以及与其他理财产品的相对优劣。在投资者科学评价自身风险承受能力的基础上，选择合适的理财产品进行投资，应该说是大多数人的正确选择。

但是，投资涉及每个人的钱袋子，追求风险可控前提下的财富最大增值，是投资的核心要义。在投资赚钱殊为不易的情况下，严防任何既有收益的"跑冒滴漏"和认知偏差，涉及投资过程中诸多不能忽略的细节。投资是一个细致活儿，细节影响成败。

本章列示五个银行理财投资常见的问题或可能忽视的细节，供大家参考。

9.1 看到的净值就是赎回的金额吗

对于开放式理财产品，在开放期进行赎回，当时看到的理财产品的份额净值就是收到的投资返回款吗？在我身边不时有投资者问这个问题。答案当然不是了。不过，一般而言差不太多，可以按照"约等于"或"近似于"净值来看待。

具体的原因我们在第6章中详细讲过，在这里不妨重申一下。

开放期中的赎回是按照"未知价法"下的"份额赎回"原则进行的。所谓未知价法，也就是说，投资者在发起赎回的交易时间内，当期作为结算价格的那个具体的"份额净值"还没有披露，甚至产品发起人、管理人和托管人都还没有对理财产品的财产进行估值。在这种情况下，你并不知道赎回的确切价格。但是，这并不妨碍交易的达成，因为你若发起赎回申请，是按照你持有并决定赎回的具体"份额"进行申请的，也就是说，你告诉银行，我要将我持有的××份额的理财产品予以赎回。至于能赎回多少金额的本金和收益，要等到开放日那天的产品份额净值估值结果出来以后，银行再给你据实结算，划回你的账户之中。

举个简单例子：

A款理财产品，份额净值的估值日是每周周四，最新的一个开放日是2022年8月4日，需要申购和赎回的投资者可以在2022年8月2日的10:00至2022年8月4日的17:00进行申请。按照银行内部的估值流程，要在2022年8月4日（周四）结束后，才能对当天理财产品所持有的各类资产进行市价计量。比如理财产品投资资产中包括部分上市公司股票，必须等到当天15:00股市收盘时，才能确切知道其收盘价并进行估值。在估值完成后，还要经过银行内部的审核和审批，在2022年8月5日下午才能正式对外披露。

　　大家看这款理财产品，投资者要想在开放期内进行赎回（赎回申请在整个开放期内都可提交），但确切地说是在开放日赎回（因为赎回的价格依据是开放日的份额净值），在提交赎回申请的时候，即2022年8月2日至2022年8月4日，他并不知道具体的成交价格（份额净值），因为按照约定，该期间赎回的理财产品，其作价依据是2022年8月4日的份额净值，而2022年8月4日的份额净值在2022年8月5日才得以披露。

　　但上一个估值日（2022年7月28日）的份额净值在2022年7月29日下午就披露了，比如1.119 2元。在开放期内，投资者看到的最新净值就是1.119 2元/份。但这个价格并不是本次投资者申请赎回的成交价格，最多只是一个大体的参考。不过，在市场行情没有发生剧烈变化的情况下，实际成交价倒不会偏差多少，基本可以按照这个份额净值进行预期。

　　比如，该投资者持有理财产品12 000.5份，申请全部赎回，他只需要提交赎回12 000.5份的申请就可以了。这有点像股票交易的"市价申报"方式，投资者在下单前无法预知其交易价格。此时投资者非要估计一个金额，大概就是13 430.96元（12 000.5×1.119 2），八九不离十。

　　该投资者2022年8月5日下午通过手机查询知道了2022年8月4日理财产品份额净值是1.118 5元，此时他才能确切知道本笔理财产品赎回后，得到的资金应为13 422.56元（12 000.5×1.118 5）。与之前的预估相差了8.4元，差别并不大。

　　假设这款理财产品约定，赎回资金于开放日后两个工作日内到账。具体到该开放期内的赎回，也就是赎回资金将于2022年8月4日后的两个工作日内到账。

　　2022年8月6日，该投资者查看自己银行账户，上午没有到账，等到下午下班后仍然没有到账。难道出了问题？或者遇到了巨额赎回，自己的申请被拒了？于是该投资者打电话给银行理财经理，告知具体情况，询问为什么资金没有到账。理财经理随即解释，还没到划款时间，再等两天，下周周一就能到账了。原来开放日2022年8月4日是周四，资金到账日为之后的两天，约定的是两个工作日，但2022年8月6日和8月7日恰逢周末，开放日后的第一个工作日是周五，第二个工作日就是下周周一了，也就是2022年8月8日。无怪乎理财经理在2022年8月6日回答再等两天就到账了。

这也是我们在第6章中提醒大家的，一定要注意开放期、清算期是否遇到了周末或节假日，若是，则相关日期就会顺延。

当然，上述问题也适用于封闭式理财产品。因为按要求，封闭式产品的份额净值至少每周也要进行一次披露，产品到了终止日，还要过了清算期，资金才能到账。所以，在终止日或之前，投资者同样看不到终止日的份额净值，所能看到的份额净值也是上一个披露日披露的上一个估值日的份额净值。加之产品终止日还可能计提超额业绩报酬，也就是浮动管理费，个别的可能还有其他的税费需要在清算时缴纳，所以，即使是封闭式产品，在终止日及之前看到的份额净值也并不是最终的实际到账金额。

9.2 滚动投资还是先赎再投，哪个划算

对于开放式理财产品，到了开放日，是选择滚动投资还是先赎回再投资，哪个划算呢？笔者经常被问到这个问题，尤其是当市场有所波动时，当产品市值较高或出现亏损时，许多投资者对于该问题更为关心。很多人还对其中是否蕴含了复利效应搞不清楚，单纯听从银行理财经理的话，总觉得又不十分可靠。

有一位投资者给笔者评说了他的纠结：滚动再投是不是相当于本金在更长的时间内只能收获单利报酬？而赎回再投是不是相当于本金和收益都成了初始投资，变成了复利投资？同时他还担心有没有中间费用支出，如果赎回有中间费用，哪个更换算？现在理财产品都是净值型产品了，与之前不一样了，算不清楚。该如何决策？

不妨先顺着这位投资者的思路，会得到这样的答案：因为理财产品都是净值型的，比如开放日的份额净值是2元，赎回得到的钱就是每份2元。如果再投资，因为开放日的份额净值是2元，那么也需要按照每份2元的价格去购买，所以赎回的钱再投资能买到的产品份额是不变的。也就是说，操作了一圈，没什么变化，产品还是那个产品，净值也没有变化，而持有份额也不变。是不是没有任何变化？与你不赎回而继续滚动投资岂非一模一样？这是假设产品的申购和赎回费用为0的情况。如果像有些产品申购可以免费，而赎回根据持有产品时间长短而收取不同的费用，那么可能还要额外支付一笔赎回费，这样操作一圈下来，你持有的产品份额还减少了。这样做不划算，所以还是滚动投资相对更划算。

至于这位投资者纠结的所谓"产品循环到下一个周期，收益是否按照复利计算"这个问题，则源于这样的固有思路：比如年预期收益率为4%、以5万元本金计算，按照复利思想，一年后到期再进入新的一个投资周期，就是5万元本金和2000元的利息算在一起再计算利息；如果仍按照单利，那么到下一个周期银行给你5万元本金和4000元利息，岂不是亏了？这样是不是应该先赎回产品，再投资呢？顺着这个思路，还原彼时的场景。很多银行理财产品规定"到期一次性支付本息"，这是对封闭式产品而言的，是按单利计算的。对开放式理财产品的每个投资周期的收益支付方式，通常会在开放日后将上一个周期内的收益划转到投资者账户中，如果允许投资者选择不领取现金分红，则会转入下一个周期的本金中，实际上就实现了"利滚利"的复利效应。投资者要详细阅读产品说明书，没有哪家银行的理财产品设计会出现你赎回或不赎回就有单利和复利的天壤之别，这个担忧完全没有必要。

上面是顺着投资者的理解进行的逻辑演绎。

其实以上担忧纯粹错误，或者说是对当下理财产品的误解。投资者一会儿在纠结单利、复利，一会儿又在计算预期收益，对净值化的认识还模棱两可。可以说，这完全是对当前理财产品的模糊认识所导致的。

这里再次划重点：请注意，现在的理财产品都是净值型的、不保本的产品，而不是以前的保本、保收益的预期收益型产品了。银行理财产品的估值"随行就市"，再没有预期收益一说，在不断变化的净值下，也再没有固定收益项下的单利和复利的概念。就像人们炒股，谁还说单利、复利呢？只剩下赔了还是赚了。

为了彻底搞清楚这个问题，我们有必要回到起点，对这位投资者的问题进行简化或者梳理。所谓滚动投资就是在开放日不进行份额赎回，而先赎再投就是在开放日进行份额赎回，至于赎回后的再投，无非两种情况：继续投资本产品或投资其他产品。在这里大家往往遗漏了一个问题，那就是继续投资本产品的不可能性，因为产品在开放日赎回，有相应的清算期和到账日，本次开放日资金到账后，本次开放期早已关闭，想再次购买本产品，已经没有机会了，要买也要等到下一个开放期了。

所以，前述问题就变成如下两个问题：一个是跨产品投资问题，就是将本产品赎回，再购买另一个产品；另一个是跨周期投资问题，就是先赎回本产品，过一段时间再购买同一个产品。

进一步，可以发现，第二个问题其实是一个伪问题，因为下一个开放期可能已经过了相当一段时间，是否继续购买该产品，相当于彼时的一个新判断，就像新买入任何一款新产品一样。所以，两个问题实际上是一个问题，即该产品是否值得继续持有？也就是说，市场上是否存在其他竞争产品？与其他竞争产品相比，该产品表现如何？

这样，问题就简单了，投资者纠结的问题其实就是一个问题，即与其他竞争产品相比，是否对所投资的产品感到满意？满意就不赎回，继续持有；不满意就赎回，改投其他。

当然，以上简化的决策建议是就问题论问题，即针对滚动投资或先赎再投而提出的。在这里没有考虑其他因素，比如没有对市场未来预期的考虑，如果市场下行，可能就赎回不投了，也就不涉及滚动投资或先赎再投的问题了；又如也没有考虑投资者流动性的变化，如果投资者有资金的需求和安排，也就赎回不投了，同样也就不涉及滚动投资或先赎再投的问题了。

唯一需要投资者考虑的是，在与其他竞争产品相比较的过程中，一定不能忽略转换成本的影响，如果竞争产品的预期业绩不能超过之前理财产品的业绩与转换成本之和，则无转换产品的必要。也就是说，在比较两款理财产品时，一定要考虑老产品是否存在赎回费，新产品是否存在认购费或申购费。比如有的理财产品约定赎回费费率高达2%，如果新产品仅有微弱的优势，则似无转换的必要。

也就是说，从经济上算账，滚动投资或先赎再投，其真正的决策条件是：

竞争产品的业绩≥老产品的业绩+赎回费+认购费或申购费

如果投资者对某家银行、某个理财经理、某个投资团队有特殊情怀或情有独钟，则另当别论。

9.3 现金分红与红利转投怎么选

部分银行理财产品会对持有期间的收益进行现金分红，有的允许投资者在现金分红和红利转投之间进行选择（见图9-1）。对此有投资者经常犹豫，不知到底该选择哪种方式。有时银行理财经理会给出自己的建议，建议投资者现金分红"落袋为安"，或者反之。此时投资者往往也拿不定主意，对理财经理的建议也是将信将疑，生怕被忽悠。

图9-1 华夏银行某款理财产品的分红公告

其实这两种方式各有利弊，关键是要结合自己的实际情况，判断究竟哪种最适合自己。对别人合适的方式不一定最适合你，所以看见别人都那么选，你也不应盲目跟随；或者因为自己选择了跟其他人不一样的方式，你也不用纠结。

最为常见的理财产品分红一般默认以现金的形式分发给投资者，如果投资者直接收取现金"落袋为安"，就是选择了现金分红方式；如果投资者决定选择红利转投方式，那么银行会把这部分现金转换成理财产品的新增份额，实现利滚利，"乘胜追击"。这就像一只鸡下了蛋，你既可以选择吃鸡蛋，也可以等着鸡蛋孵化成小鸡。

现金分红和红利转投的区别主要有三。

一是未来收益不同。红利转投对分红进行继续投资，是复利增值，收益着眼于未来，就像鸡蛋孵出小鸡，从而再生更多的鸡蛋；而现金分红是单利增值，收益确定，就像直接拿走鸡蛋。

二是后续风险不同。现金分红的收益就是所分到的现金部分，相对安全，如同鸡蛋不会长腿跑掉；而红利转投因为继续投资于理财产品之中，需要与其他理财份额一起承担投资风险，如同鸡蛋不一定能孵出小鸡。

三是交易费用不同。红利转投免申购费，就如母鸡直接孵出了小鸡；而现金分红如果继续投资于其他理财产品，则可能需要支付一定的手续费，就如卖掉鸡蛋再买一只小鸡，需要支付给中间商一定的报酬。

那么，究竟是选择现金分红"落袋为安"好呢，还是选择红利转投"乘胜追击"更好呢？或者以蛋和鸡的关系说，是直接拿走鸡蛋，还是留着孵小鸡呢？要想回答这个问题，首先要问问自己对几个相关问题的看法。

问题一：现在的市场是熊市还是牛市？

如果投资者对后市的看法比较谨慎，风险成为首先考虑的要素，现金分红可以锁定收益、控制风险，此时不妨选择现金分红方式。当实现的收益拿到手后，可用于投资其他策略的产品，以分散风险，或者用于支持日常消费支出。如果投资者看好后市，则不妨选择红利转投方式，乘胜追击，产生的收益就变成了更多的产品份额，如果市场上涨，那么，在复利的作用下，投资者更有可能分享增值收益，是对投资者"闲钱"积极和有效的投资策略。

问题二：拿到分红现金有使用规划吗？

如果投资者对流动性支持有需求，现金分红，落袋为安，收益看得见，可以支持更多的资金使用需求，或者考虑投资于其他产品。如果投资者对资金没有使用规划，或者说暂时对流动性没有要求，那么红利转投是比较合适的分红方式，与其把红利变成现金放在银行里睡大觉，还不如通过红利转投，以新增理财产品份额的形式存在，继续参与投资过程，相比新申购还可以节约再投资的成本。

问题三：我是什么类型的投资者？

现金分红适合看好短期收益的投资者；而红利转投，其复利效应符合长线投资者的投资特点。所以，如果想用有限的资金实现最大收益，那么红利转投当然是首选。

问题四：我对这款理财产品满意吗？

如果分红的理财产品是一只符合投资者预期的产品，那么，只要该产品继续保持一贯的投资风格和投资理念，历史业绩就可以作为未来业绩的参考，红利转投就是一种理性选择。

当然，再深入思考一下，可能还有不同的结论。产品分红、特别是较大比例的分红，需要提前处置大量的投资资产，换成现金，无疑会影响理财产品的投资运作效率，从总体来看可能损害了投资者的利益。另外，分红不过是把本属于投资者的资金从左口袋放到了右口袋而已，投资者拿到了分红资金，实质上就是减少了投资规模。有人说，分红实现了"落袋为安"，你从理财产品中撤回了资金，当然是"安"了，但是同时也失去了投资赚钱的机会。投资本来就是用风险去换取收益的，没有了风险，也就没有了收益。

此时，不知投资者想过没有：一点点的分红资金你若会感觉"落袋为安"了，那么，更多的本金还在产品里，你会感到"不安"吗？小资金追求"安"，大资金不管"安"？逻辑不通。实际上，为了追求所谓的"安"，全部赎回不是更加"安"吗？所以，除非你正好需要这笔分红资金另作他用，否则，正确的选择应该是红利转投。如果你觉得"不安"，为了追求"安"，则应该是全部赎回。记住，只有当最终的投资目标达到了，真正撤出市场的时候，才可能真正把所谓的浮盈变成实盈，才可能真正 "落袋为安"。

9.4　如何做好待购资金的增值处理

投资理财的本意就是在风险可控的前提下，尽可能取得最高的收益。除了买对产品本身之外，另一个精髓就是不要让资金等待，充分发挥每一分钱的作用。对于理财产品的购买更是如此。然而，现实情况却是，投资者在购买理财产品时，或者在一款产品到期后再投资时，难免会碰到等待产品发行或者认购的空档期。处理好这些空档期，可以帮助投资者获取额外的收益。因此，如何正确处理待购资金是理财产品投资的必修课。本节讲述两个可以有效增加空档期资金效益的工具或方法。

9.4.1 货币市场基金

货币市场基金是指仅投资于货币市场工具，在每个交易日均可办理基金份额申购、赎回的基金，它是开放式基金中一种特殊的形式，作为现金管理类的普惠金融产品，具有安全性高、流动性好、投资成本低等特点。因此，货币市场基金是一个非常好的可以实现随时灵活投资的标的，在保证流动性的前提下，可以盘活闲置资金的收益。货币市场基金的起购点是1 000元，绝大多数投资者都可以购买。货币市场基金通过每日分红，让基金的净值固定在1元/份，所以只要持有一天货币基金，就会有一天的收益。

货币市场基金在"资管新规"下是一种特殊的存在。其最与众不同的特质就是货币市场基金是目前唯一被监管允许刚性兑付的资产管理产品。它是在"资管新规"下仍然能够合法、合规进行刚性兑付的产品。为什么这么说呢？我们来看看《货币市场基金监督管理办法》中的几处表述。

首先是关于货币市场基金估值负偏离的部分应对措施："当负偏离度绝对值达到0.5%时，基金管理人应当使用风险准备金或者固有资金弥补潜在资产损失，将负偏离度绝对值控制在0.5%以内。"

其次是在对货币市场基金投资银行存款的风险控制要求中明确指出："投资各类银行存款所形成的潜在利息损失应当与基金管理人的风险准备金规模相匹配。如果出现因提前支取而导致利息损失的情形，基金管理人应当使用风险准备金予以弥补；风险准备金不足的，应当使用固有资金予以弥补。"

最后是一个终极兜底条款。《货币市场基金监督管理办法》第三十二条明确规定，货币市场基金遇到下列极端风险情形之一的，基金管理人及其股东在履行内部程序后，可以使用固有资金从货币市场基金购买金融工具：

（一）货币市场基金持有的金融工具出现兑付风险；

（二）货币市场基金发生巨额赎回，且持有资产的流动性难以满足赎回要求；

（三）当货币市场基金负偏离度绝对值超过0.25%时，需要从货币市场基金购买风险资产。

通过以上三条我们足以看出，货币市场基金是监管许可的、允许采用基金公司的风险准备金和自有资金进行刚性兑付的产品。

除此之外，货币市场基金的"T+0"赎回，其本质是由销售机构受让客户赎回的货币市场基金份额。而这一服务之所以能够落地施行，或多或少也是因为货币市场基金能够刚性兑付（非极端情况），不会出现负收益。

这是一个目前市场上很少有人提及的概念，在这里提示大家，可以放心购买货币市场基金，可以将其看作保本产品。

当然，购买货币市场基金也需要挑选一下，毕竟不同的基金公司与基金管理人的管理水平仍有差别，对货币市场基金的收益会产生不同的影响。既然是"保本"产品，那么，我们在投资时就要尽量挑选收益高的基金。而判断货币市场基金收益水平有两个指标：每万份收益和7日年化收益率。

每万份收益代表的是每1万元的货币市场基金份额一天所带来的收益。计算公式如下：

每万份收益=当日基金净收益÷当日基金发行在外的总份额×10 000

对投资者来说，每日收益=买入资金÷10 000×每万份收益。

假如你买入100 000元的货币市场基金，每万份收益为0.884 5元，那么当天可以获得的实际收益=买入资金收益÷10 000×每万份收益=100 000÷

10 000×0.8845=8.845（元）.

7日年化收益率指的是将货币市场基金过去7天所获得的总收益进行年化计算之后所得到的年化利率。具体的操作方法是：先将7天的总收益率除以7，得到日平均收益率，再乘以365天，即可得到7日年化收益率。也可以利用每万份收益的数据进行计算。

7日年化收益率=7日总收益率÷7×365

或者：

7日年化收益率=[(最近7个自然日的每万份收益之和÷7)×365÷10 000]×100%

举个例子，某货币市场基金过去7天共获得0.07%的收益率，折合每天平均产生的收益率为0.01%，那么7日年化收益率就是3.65%（0.07%÷7×365）。

从上面的公式中可以看出，这两个指标是正相关的，即过去7天的每万份收益越高，则7日年化收益率就会越高。但因为每万份收益显示的只是当天的数据，7日年化还隐含了过去6天的收益率情况，所以会出现当天展示的年化收益率低一些，而当天的每万份收益较高的情况，说明这只基金的波动幅度可能相对较大。

在这两个指标中，每万份收益关注的是基金具体的收益，是一个短期指标；而7日年化收益率反映了过去7天收益率的平均水平，其实也是一个短期指标。可以简单地说，要想知道自己投资一天的收益，就看每万份收益；如果想和其他基金进行比较，那么7日年化收益率更有参考性。

当然，单凭这两个指标来判断货币市场基金的好坏有点武断，因为这两个指标只能反映过去很短的时间内产品的表现，受到外界因素的影响比较大。所以，基于货币市场基金"刚性兑付"的属性，在坚持挑选两个指标都较高的基金的大前提下，还是建议大家尽量选择那些现有规模大、成立时间长、运作比较成熟的货币市场基金。同时考虑到我们投资货币市场基金主要是为了充分利用理财资金的闲置时间，持有期限都非常短，所以参考过去三个月和一个月的指标表现就可以了，太长时间无多大意义。投资者可以登录天天基金网等网站对比筛选出不同货币市场基金三个月和一个月的收益率走势，选择收益率相对较高的一方进行投资。如果数据出现了不一致的情况，则以一个月的收益率作为主要参考指标。

在挑选好准备购买的货币市场基金后，在购买的时候也需要注意以下几点。

首先，最好选择自己熟悉的渠道进行购买，例如，直接从要购买理财产品的银行那里购买，否则在各种购买渠道之间转来转去，耽误时间，反而得不偿失。

其次，要特别注意起息日和赎回日与资金到账日的规则。货币市场基金是有交易时间的，和购买普通基金的时间一样。根据规定，当日申购的基金份额应当自下一个交易日起享有基金的分配权益；当日赎回的基金份额自下一个交易日起不享有基金的分配权益。因此，对于多数基金而言，在工作日15:00前买入的货币市场基金，从"T+1"日也就是第二个工作日开始计息；周末买入的货币市场基金，视同下周周一15:00之前买入，从下周周二开始计息；在工作日15:00之后买入，从下下个工作日开始计息。所以，购买货币市场基金最好在15:00之前完成。赎回产品也适用"T+1"规则，周一15:00前赎回的货币市场基金，周二才可以到账；周五15:00前赎回的货币市场基金，下周周一才可以到账。所以，投资者在充分了解了货币市场基金的购买规则之后方可进行投资，否则为了赚取待购期的收益而错失了理财产品的购买机会就得不偿失了。

以2013年余额宝的成立为分水岭，市场上的大部分货币基金都推出了"T+0赎回提现"模式来吸引投资者，从而实现了货币市场基金当天赎回实时到账。2018年监管部门做出规定，对"T+0赎回提现"实施限额管理，即对单个投资者持有的单只货币市场基金,设定了在单一基金销售机构单日不高于1万元的"T+0赎回提现"额度上限。如果当日申请的赎回额度大于1万元,则只能申请普通赎回,资金将在下一个交易日到账。因此,大于1万元的资金需求需要提前一个交易日做好资金安排。

所以,建议大家对拟投资的货币市场基金也要提前研究一下,不同的基金在申购和赎回方面可能会有细微的差别。以汇添富基金为例,快速赎回(T+0)与普通赎回(T+1)及收益情况如图9-2所示。

赎回时间	快速赎回		普通赎回	
	到账时间	收益情况	到账时间(预计)	收益情况
周一15:00至周二15:00			周三上午8点前	享周一、周二,共2天收益
周二15:00至周三15:00			周四上午8点前	享周二、周三,共2天收益
周三15:00至周四15:00	当天到账	当天无收益	周五上午8点前	享周三、周四,共2天收益
周四15:00至周五15:00			下周一上午8点前	享周四至周日,共4天收益
周五15:00至下周一15:00			下周二上午8点前	享周五至下周一,共4天收益

注:以上为到账时间的一般情况,仅供参考。如遇到节假日,可按T+1交易日到账的规则依此类推。

图9-2　汇添富基金的赎回日和到账日

总之,在合理安排申购、赎回时间的前提下,投资货币市场基金可以提高待购资金的收益。

9.4.2　现金管理类理财产品

本书介绍的银行理财产品可以看作"资管新规"和"理财新规"下的主流理财产品,但在实务中还有一类理财产品,即现金管理类理财产品。

现金管理类理财产品，顾名思义，就是能够提供现金管理服务的理财产品，具体是指仅投资于货币市场工具，在每个交易日均可办理产品份额认购、赎回的银行或理财公司理财产品。

与货币市场基金相似，现金管理类理财产品面向社会公众公开发行，允许投资者每日认购、赎回。该类产品多数采用1元固定份额净值交易方式，产品每日实现的净收益将结转为份额，以使每日的产品份额净值始终保持1元。与其他理财产品在申购、赎回时采用的"未知价法"不同，现金管理类理财产品在申购和赎回时采用的是"确定价"原则，即交易价格都是按照产品份额净值1元计算的。当然，也有部分产品将收益支付方式设计为现金分红或红利再投资，投资者可通过银行指定渠道自主选择。在这种情况下，收益不会每日结转，而是定期（如每月）计算收益，并根据投资者的选择，进行现金分红或转投资。

在产品名称中使用"货币""现金""流动"等类似字样的理财产品均为现金管理类产品。我们完全可以把它理解成银行或其理财子公司发行的货币市场基金产品，同样具有风险低、收益稳定、兼顾流动性等特点，通常不收取申购和赎回费用。

与货币市场基金类似，最常见的用于反映现金管理类理财产品收益情况的指标也是每万份净收益和7日年化收益率。目前每万份净收益多在0.6～1.0元，7日年化收益率多在2.5%～3.0%。图9-3所示为中信理财日盈象E享日日金的收益情况。

在这之前，由于这类理财产品投资资产范围的不同，使得产品收益一般显著高于货币市场基金产品收益，中小银行产品收益也明显高于大型银行产品收益。但2021年6月，监管机构印发了《关于规范现金管理类理财产品管理有关事项的通知》，在投资范围、资产久期、运作管理要求等方面，都要求现金管理类理财产品对标货币市场基金的监管要求。文件设置了过渡期，过渡期自施行之日起至2022年年底。在过渡期内，新发行的现金管理类理财产品应当符合新规定；对不符合规定的存量产品实施整改；在过渡期结束之后，商业银行、理财公司不得再发行或者存续不符合本通知规定的现金管理类理财产品。

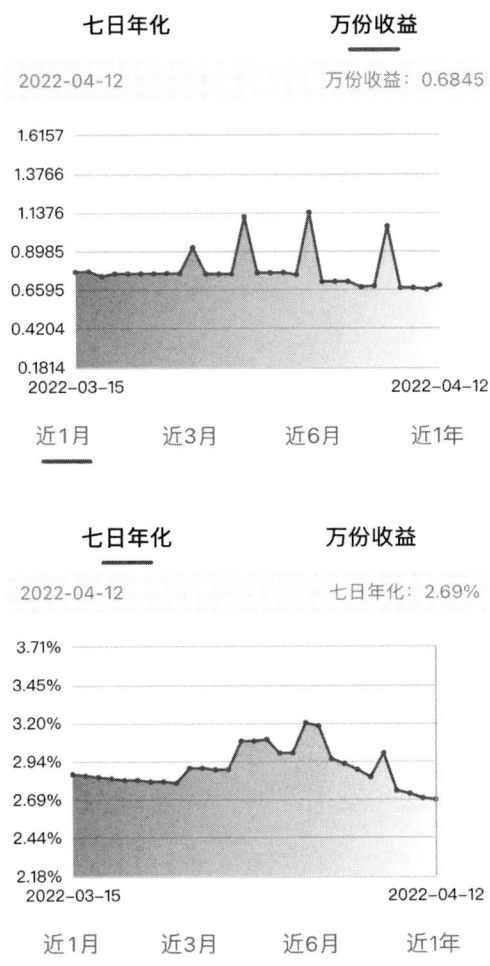

七日年化　　　　　万份收益

2022-04-12　　　　　万份收益：0.6845

1.6157
1.3766
1.1376
0.8985
0.6595
0.4204
0.1814
2022-03-15　　　　　2022-04-12

近1月　　近3月　　近6月　　近1年

七日年化　　　　　万份收益

2022-04-12　　　　　七日年化：2.69%

3.71%
3.45%
3.20%
2.94%
2.69%
2.44%
2.18%
2022-03-15　　　　　2022-04-12

近1月　　近3月　　近6月　　近1年

图9-3　中信理财日盈象E享日日金的收益情况

所以，从2023年开始，银行的现金管理类理财产品将与货币市场基金看齐，消除了监管套利的影响，因此这次转型也必然会导致收益率走低，加上现金管理类理财产品不具备货币市场基金的免税条件，其竞争力将下降。但是，对于为了购买其他理财产品而暂时利用闲置资金进行投资的投资者来说，这点税负影响基本可以忽略不计，特别是在同一家银行那里购买，投资者的购买体验较为连贯，省却了许多操作麻烦。

前文在提及货币市场基金时，曾说到货币市场基金在"资管新规"下是一种特殊的存在，是目前唯一被监管允许刚性兑付的资产管理产品。对于现金管理类理财产品而言，是否具备同样的刚性兑付属性呢？答案是，其在本质上也是具备的。

因为根据最新的监管规定，关于现金管理类理财产品估值负偏离的部分应对措施，同样规定了"当负偏离度绝对值达到0.5%时，商业银行、理财公司应当采取相应措施，将负偏离度绝对值控制在0.5%以内"。这里的用语是"商业银行、理财公司应当采取相应措施"，采取了模糊处理的方法，而不是对于货币市场基金明确规定的"基金管理人应当使用风险准备金或者固有资金弥补潜在资产损失"。

对于理财公司而言，有资本金也有风险准备金计提，完全可以参照货币市场基金进行管理。但对于银行自营发行的理财产品而言，银行的资产管理部门则既无资本金，又不计提风险准备金，在名义上完全不具备刚性兑付的条件。但是，对于本身经营风险的银行而言，既然监管都这么规定了，那么，不管采取什么措施，总归是只要出现风险，就自会有措施应对的。所以，投资者的资金安全是无虞的，虽然这类产品也会标识风险等级（一般都是PR1级），同时申明"不保障理财本金和收益"。

虽然现金管理类理财产品与货币市场基金一样有相应的优势,但当购买来增加待购资金的收益时,仍需注意以下几点。

(1)申购条款。和货币市场基金类似,现金管理类理财产品也是有申购时间的。拿招商银行的天天享理财产品(产品登记编码:C1030819001800)来说,在产品说明书中是这么规定产品的购买时间的:在产品存续期内,每日00:00—24:00为理财计划的申购期,投资者可在申购期提交申购申请,但管理人仅在开放日对申购申请进行确认,每个工作日是开放日,具体确认日期以申购确认日规则为准,如图9-4所示。

申购申请时间	申购确认方式	申购确认日
T 日 00:00-15:30 (T 日为工作日)	招商银行将视为于 T 日申购,招商银行将在 T 日后第 1 个工作日对投资者的申购申请的有效性进行确认,登记份额并成功扣减投资者账户资金,扣划款项成功后投资者申购生效。该申购申请于 T 日 15:30 前可以撤销。	T+1 日
T 日 15:30-24:00 (T 日为工作日)	招商银行将视为于 T 日后第 1 个工作日申购,招商银行将在 T 日后第 2 个工作日对投资者的申购申请的有效性进行确认,登记份额并成功扣减投资者账户资金,扣划款项成功后投资者申购生效。该申购申请于 T 日后第 1 个工作日 15:30 前可以撤销。	T+2 日
T 日 00:00-24:00 (T 日为非工作日)	招商银行将视为于 T 日后第 1 个工作日申购,招商银行将在 T 日后第 2 个工作日对投资者的申购申请的有效性进行确认,登记份额并成功扣减投资者账户资金,扣划款项成功后投资者申购生效。该申购申请于 T 日后第 1 个工作日 15:30 前可以撤销。	T+2 日

图9-4 招商银行天天享产品申购确认规则

可见,招商银行该款现金管理类理财产品并不能实现当天起息,在工作日当日 15:30 之前购买也只能在第二天起息;工作日15:30之后和非工作日申购的,只能在申请日后的第二个工作日确认并起息。所以,购买该产品要尽量避开周末和节假日,并牢记申购时间。

当然，不少银行也推出了实时申购的产品，比如民生银行的民生天天增利灵动款理财产品（产品登记编码：C1030519002236），支持每个工作日0:01—15:30实时申购实时起息，实时赎回实时到账（银行系统清算时间除外）。建议大家多比较几家银行的产品，择优选择。

（2）赎回条款。和申购相类似的是产品的赎回条款。赎回现金管理类理财产品，银行往往也会规定只能在交易日进行赎回，同时理财产品的本金和收益也是根据合同条款分情况到账的。上述招商银行天天享产品的产品说明书中就是这么规定的：每日00:00—24:00为理财计划的赎回期，投资者可在赎回期提交赎回申请，但管理人仅在开放日对赎回申请进行确认。对于全额赎回的，按照图9-5所示的方式确认赎回申请的有效性，为投资者扣减份额并支付本金及收益。该产品不支持实时到账，也要经过1~2个工作日才能到账。

赎回申请时间	赎回确认方式	赎回确认日
T 日 00:00-15:30 （T 日为工作日）	投资者赎回申请成功后，投资者 T 日持有的理财计划余额对应的本金和理财收益将于 T 日后第 1 个工作日终划转至投资者指定账户。该赎回申请于 T 日 15:30 前可以撤销。	T+1 日
T 日 15:30-24:00 （T 日为工作日）	投资者赎回申请成功后，投资者 T 日持有的理财计划余额对应的本金及理财收益将于 T 日后第 2 个工作日终划转至投资者指定账户。该赎回申请于 T 日后第 1 个工作日 15:30 前可以撤销。	T+2 日
T 日 00:00-24:00 （T 日为非工作日）	投资者赎回申请成功后，投资者 T 日持有的理财计划余额对应的本金及理财收益将于 T 日后第 2 个工作日日终划转至投资者指定账户。该赎回申请于 T 日后第 1 个工作日 15:30 前可以撤销。	T+2 日

图9-5　招商银行天天享产品全额赎回确认规则

对于部分赎回时则规定：投资者当日部分赎回的理财本金，招商银行将按照全额赎回的方式确认赎回申请的有效性，为投资者扣减份额并支付本金。但投资者当日部分赎回的理财本金对应的理财收益仅在每月分红登记日（每月27日）起三个工作日内划转至投资者指定账户或结转为产品份额，逢节假日顺延。

所以，为了尽可能地提高闲置资金的使用效益，投资者应尽量选择赎回资金实时到账的产品，目前有的产品支持实时到账的金额有1万元、5万元、10万元或全额不等。即使是不实时到账的产品，在赎回时也要考虑到可能的顺延时间，避免耽误资金的其他使用。

（3）巨额赎回条款。投资者之所以购买现金管理类理财产品，往往是因为看到了该类产品的流动性较高。但如果在短期内产品被赎回的金额过大，产生巨额赎回，则往往会影响其流动性，造成流动性风险。招商银行天天享产品的条款中也做了相应规定：若理财计划净赎回额超过本理财计划上一个工作日份额的10%，则为巨额赎回。对于超出巨额赎回上限比例的赎回申请，招商银行有权根据实际情况选择以下任意处置方式：

一是全部赎回。当银行认为有能力满足全部投资者的赎回申请时，按正常赎回程序执行。

二是拒绝赎回或部分拒绝赎回。银行有权依照赎回日内投资者赎回申请递交的顺序，依照时间优先的原则确认投资者的赎回。对于超出巨额赎回申请部分，银行有权全部拒绝或者部分拒绝客户的赎回申请。

也就是说，如果赎回量过大，那么产品当日的赎回申请可能被确认为无效。特别是在诸如季末、年末等易发流动性紧张的关键时点，产品的巨额赎回现象经常发生。如果当时想赎回再去购买其他理财产品，则很有可能会因为无法赎回而错过投资机会。所以建议大家，如果确定在季末、年末等关键时点有资金需求，那么最好早点赎回现金管理类理财产品，损失1~2天的收益，换来的是更多的确定性。

9.5　怎样防范理财"飞单"

购买银行理财产品，不管本金和收益如何，那是一回事，但千万注意不能一不小心买了"飞单"，如果买了可就麻烦了，大概率资金有去无回。即使能要回来，也可能经过漫长的"维权"或"官司"，不仅资金受损，更会让人身心疲惫。

通俗地讲，飞单是指一些业务人员利用投资者对银行的高度信任感，绕过银行监控，私自向投资者出售非银行发行或代销的产品。由于这种销售行为并非通过银行的正规流程进行，银行也不会对此盖章证明，购买行为本身跟银行一点关系都没有，所以一旦出了问题，银行都会矢口否认，拒绝承担相关责任。除非打官司，银行也可能会因管理不善或表见代理，被判处承担相应的赔偿责任，但也不一定会全额赔偿。在这种情况下，投资者的损失是巨大的。前些年，"私售飞单"问题是各家银行严防死守的一项工作。

虽然现在银行加强了监管，又是面签，又是销售专区，又是录音录像，但仍然不排除个别案件的发生。之所以会出现这样的案件，一方面是因为银行相关销售人员存在道德风险，处心积虑地绕过管理制度和监控措施；另一方面是因为部分投资者不熟悉银行操作流程，盲目信任银行相关工作人员，甚至将部分工作交给银行工作人员代劳，给了违法分子可乘之机。

那么，如何知道自己在银行购买的是不是银行自营或正规代销的理财产品呢？以下两点要留意。

首先，可以登录中国理财网进行查询验证（见图9-6）。这是国家设立的专门进行银行理财产品信息登记管理的平台，提供验证产品真假的功能。

图9-6　中国理财网首页

具体可从两方面进行验证。

一是鉴别产品真伪。在每款银行理财产品的产品说明书中，在起始部分的产品概述或要素表中，最前面的几行都列示有产品登记编码，这是一个以大写字母"C"或"Z"开头的14位号码，其中以"C"开头的是银行发行的产品，以"Z"开头的是银行旗下理财子公司发行的产品。大家可以很方便地找到它。注意，这个代码是理财产品在全国银行业理财信息登记系统中的登记编码，而不是在产品名称中列示的银行自行编组的产品代码。

以本书前面提到的招商银行代销旗下理财子公司的产品为例，在产品说明书中列示登记编码的形式如图9-7所示。

将这个产品登记编码"Z7001620000046"输入中国理财网首页的"鉴别产品真伪"搜索框中即可进行查询。如果查不到，就代表这不是真正的招商银行旗下理财子公司发行的理财产品。因为《商业银行理财业务监督管理办法》规定，商业银行及银行理财公司不得发行未在全国银行业理财信息登记系统中进行登

记并获得登记编码的理财产品。单击"快速查询"按钮，具体查询页面如图9-8
所示。

招银理财招睿零售青葵系列半年定开8号固定收益理财计划
产品说明书
（产品代码：301008）

重要须知（略）

基本定义（略）

理财计划要素

产品名称	招银理财招睿零售青葵系列半年定开 8 号固定收益理财计划（产品代码：301008）
登记编码	Z7001620000046。投资者可以根据该登记编码在中国理财网（网址：www.chinawealth.com.cn/）查询产品信息

图9-7　招银理财（产品代码：301008）产品说明书式样

图9-8　理财产品查询页面

二是销售人员查询。《理财公司理财产品销售管理暂行办法》规定，理财公
司与代理销售机构合作，理财公司应当按照登记要求，在全国银行业理财信息登
记系统中进行登记。理财产品销售机构应当在全国银行业理财信息登记系统中登
记本机构理财产品销售人员信息并及时更新，确保登记信息真实、准确和完整。

所以，该系统同时还提供银行销售人员查询，如果查不到，那就是"假"的销售人员，投资者要引起警觉，另找银行其他合格人员。

销售人员查询页面如图9-9所示。

图9-9　销售人员查询页面

其次，投资者也可以多观察一下产品的收益和投向。一般来说，飞单类产品的收益率比较高，通常是银行理财产品的两三倍。非法销售人员往往以高收益为诱饵，有时故作神秘状，吸引部分投资者。收益是与风险相伴生的，如果一个产品的收益率高出正常水平，我们就要多思考一下了：为什么收益率这么高？为什么这么好的产品偷偷卖给我？

另外，正规的银行理财产品都会明确地告知投资者募集资金的具体投向和范围，以及产品的风险评级，并要求投资者的风险承受能力评级与产品的风险等级相对应。而飞单类产品一般不会有明确的产品风险等级，对投资方向和投资资产也大多讳莫如深、笼统而不清晰。

当然，现在理财产品的购买途径比较多，不一定非得去银行柜台专区，在电子银行和移动手机上都可以直接购买。这类购买途径通常要求投资者登录银行官方网站或App，牢记密码，在安全的网络环境下进行操作，一般不会有安全问题。

小贴士：

养老理财产品不是老年人专属的投资产品

2021年9月，银保监会发布《关于开展养老理财产品试点的通知》，标志着我国养老理财产品试点正式起航。养老理财产品试点首批选择了"四地四机构"，即工银理财在武汉和成都、建信理财和招银理财在深圳、光大理财在青岛开展养老理财产品试点。自2022年3月1日起，养老理财产品试点范围扩展为"十地十机构"，即试点地区扩大至"北京、沈阳、长春、上海、武汉、广州、重庆、成都、青岛、深圳"十地，试点机构扩大至"工银理财、建信理财、交银理财、中银理财、农银理财、中邮理财、光大理财、招银理财、兴银理财和信银理财"十家理财公司。

自试点以来，养老理财产品工作进展顺利，截至2022年6月底，已经有27只养老理财产品顺利发售，23.1万名投资者累计认购超600亿元。

养老理财产品兼顾普惠性、稳健性、长期性等养老理财属性，在市场上广受青睐。

一是按照最大程度让利于投资者的理念，养老理财产品的各种费率远低于其他类别的理财产品，并将产品销售起点设为1元，极大降低了客户投资门槛，适合普惠客群。

二是与一般的理财产品相比，养老理财产品采取更为稳健的投资策略，并通过设立收益平滑基金、计提风险准备金、计提附加风险资本等特别的风险管理保障机制，进一步增强了养老理财产品的风险抵御能力。

三是在确保安全性的前提下，养老理财产品基于自身优势，通过配置"非标"投资拉高收益，并少量配置权益，采用"固收+"的投资策略，适当兼顾收益水平，业绩比较基准范围基本维持在5%~8%，预期收益率较高。

四是养老理财产品多为5年期及以上设计，鼓励客户长期持有，让投资团队能避免短期波动带来的流动性干扰，充分发挥他们的长周期投资能力，使投资周期与价值创造周期更为匹配，获取更高的价值回报。

五是为了体现人文关怀，养老理财产品在资金使用上做了特殊性安排。投资者如在持有期间有重大疾病或购房需求，则可申请提前赎回理财产品并不收或少收取赎回费，不让投资者因养老理财产品的投资而影响疾病、购房等重大生活资金需求，在一定范围内增加了产品的流动性；同时在产品持有期间能够获得现金分红，充分体现了养老理财产品的温度和人文关怀特征。

当然，重点是不能被名字所迷惑，养老理财产品名为养老理财产品，但绝不是专门为老年人设计提供的专属理财产品，普通投资者都可以投资。而且投资有风险，养老理财产品同样都是不保本的净值型产品，投资者要量力而行。

第 10 章

投资是一个专业事, 绝不能糊涂

投资不仅是一个技术活儿, 而且具有高难度。为了实现财富保值、增值的目标, 必须紧紧把握每一次投资机会, 将投资这件事坚决进行到底。投资理财的经历本身也是财富, 也是人生。

但这么专业的事, 绝不是轻轻松松就能实现的。除了提高自己的投资能力, 准备付出更为艰巨、更为艰苦的努力, 更重要的是要树立科学的理财观念, 依靠专业人做专业事, 事必躬亲与委托专家相结合。

10.1 投资不能孤注一掷，一定要有资产配置的组合概念

资产配置是一种投资组合技术，其目的是建立多样化的资产类别，以达到平衡风险的目的。通俗地说，就是鸡蛋不放在同一只篮子里。资产配置在很大程度上可以降低单一资产的风险，是投资组合管理的重要环节。每个资产类别都有不同程度的收益和风险等级，从而在一段时间内各种资产的表现会有所不同。通过组合配置，能够有效降低持有单一资产的风险，取得风险可控下的目标收益。

本书讲述的银行理财产品的投资，是假定大家做好了整体规划，决定要投资银行理财产品，而对银行理财产品应有的基本了解和初步研究。从这个意义上讲，具体的投资，包括银行理财产品的投资，是一个下位的概念，居于上位的还是个人及家庭的理财规划与资产配置。

知己知彼，百战不殆。而做好资产配置的前提就是知己知彼。

所谓知己，就是要对自己及家庭的财务状况了然于胸。

钱是为人服务的。可以说，理财理的不是钱，而是人。投资理财的最终目的是过上更好的生活，而财务状况就是最基础的生活保证，可以从大体上说，投资理财就是从财务状况的现状出发，再达到更丰盈的财务状况中去。对于个人与家庭来说，财务状况主要就是资产负债情况。所谓资产就是个人和家庭收入以及存量财产之和；负债就是个人和家庭责任，包括维持个人和家庭日常开支、赡养父母、抚养孩子等。为了达到更好的财务状况，首先要做到对自己和家庭财务状况的全方位了解，然后运用投资工具，把钱打理好，让资产减去负债的成果尽可能大，让每个人衣食无忧。这就是我们要去做资产配置、要去投资的内在逻辑。

知己，最重要的是要做好四个方面的工作：一是个人与家庭财务状况摸底，

特别要对自己及家庭的资产与收入状况有清楚的了解，这是基础；二是了解个人和家庭处在理财周期的哪个具体阶段，个人的不同年龄，家庭的不同富裕程度，不同的阶段有不同的特点，对消费和投资有不同的需求；三是明确个人和家庭的理财目标，是保卫财富还是创造财富，是攻还是守，是比较远大的购房养老、子女教育还是小目标之更换手机、出门旅游，有了目标，才能为个人和家庭的投资行为划定必要的预算约束和行为策略；四是确认个人和家庭的风险偏好和承受能力。为了实现上述目标，个人与家庭应形成承担不确定性风险的正确态度，进而决定适合的投资风格和投资产品类型。

所谓知彼，就是要了解理财产品。

既可以是自己直接了解，学习和储备尽量多的理财知识，有精力和能力就多了解，经历和能力不济就尽量了解，更要懂得和善于利用专业机构去了解。目前，大家比较熟悉的投资理财产品，从大范围来说，有国债、银行存款、外汇、货币市场基金、银行理财产品、信托计划、各类基金、股票、贵金属、期货、期权、各种保险等。按照风险大小区分，一般可分为低风险类产品，如国债、银行存款、货币市场基金、现金管理类理财产品等；中低风险类产品，如PR1和PR2级银行理财产品、债基等；高风险类资产，如股票、股基和混基、贵金属、外汇、期货、期权、投连险等。

至于个人和家庭如何进行资产配置，有各种模式，简单的有大家比较熟悉的所谓"4321定律"（将家庭总资产划分为四个部分，分别建立对应账户：投资账户占40%、生活账户占30%、储蓄账户占20%、保险账户占10%）和"80定律"（投资高风险产品的比例为(80-年龄)%，如30岁的年轻人可以投资50%的资金到高风险投资上，60岁的人则只能投资20%的高风险资产）等。还有更具体的资产分配策略，如532型(将50%的资产投资于低风险产品，30%的资产投资于中低风险产品、20%的资产投资于高风险产品)、433型(将40%的资产投资于低风险产品、30%的资产投资于中低风险产品、30%的资产投资于高风险产品)、334型（将30%的资产投资于低风险产品、30%的资产投资于中低风险产品、40%的资产投资于高风险产品）、235型(将20%的资产投资于低风险产品、30%的资产投资于中低风险产品、50%的资产投资于高风险产品)等。

这些模式与定律可供参考，但更重要的是，资产配置是因人而异的，绝对不存在最佳标准。我们对于自己的理财规划，还是要结合自身和家庭实际情况来判断，按需求配置资产才是恰当的理财方式和合理的资产配置方案。

而且，随着个人年龄的逐渐增长、个人收入的变动、家庭富裕程度的变化，以及对前期投资效果的评价，资产配置的逻辑和模式也要进行相应的调整，资产组合的比例也要持续调整和改善。因此，没有一劳永逸的理财规划和资产配置方案，它很重要也很复杂，需要我们用一生的精力去学习它、践行它。

无论如何，从投资的本质出发，我们希望通过资产的合理配置以获取合理的收益率，来抵御通货膨胀，实现财富增值，过上更加美好的生活。所以，我们要紧紧抓住两个要点：合理的收益率和稳定可控的风险。大家可能都听说过"富贵险中求"，收益越高，风险越大（如果你觉得不大，那很可能是你没意识到）。但是，盈亏同源，正收益率越高，负收益率也越高。因此，如果你要自行操作，那么建议你在还不能充分识别出产品风险的时候，只投资自己较为熟悉的那部分产品，去赚真正属于自己的钱。"不懂不碰"，这个方法适用于所有的个人投资场景。

当然，如果我们清楚知道自己能力圈的界限，知道自己没有专业能力，就把事情交给专业的机构和专业的人去做就好了。

10.2　投资就是交易，一定要仔细审视理财买卖协议

投资，就是买卖，就是交易。除非日常小额生意，钱货两清，不需要先签合同约定双方的权利和义务。而投资理财产品，都是跨时交换的大额买卖，必须签订合同。通过合同的签订，实现双方的缔约，既体现双方在达成协议之前接触和洽谈的整个动态过程，也包括双方达成合意，确定合同主要条款的具体约定。

因为合同是用来约束未来不确定事项的。之前的银行理财产品，银行刚性兑付，投资者获取的是固定收益，那时候，一是可以闭着眼睛信任银行不会破产，二是投资是确定的，固定收益刚性兑付，也没有不确定风险，所以合同不重要，只要有一个证明投资者投资该产品的事实凭据就可以了。但现在，所有的银行理财产品都不保本、不保收益，发生亏损也是平常事，风险自担，这时，合同的重要性就突显出来了。

所以，投资银行理财产品，一定要仔细审视投资协议书、销售协议书、风险提示书、产品说明书、投资者权益须知等一系列合同文件。普通投资者投资的银行理财产品规模也有几万元，甚至几十万元，投资下去不看合同，就像企业采购与销售不签订合同或不看合同就接单一样，想想都觉得非常荒唐。

普通投资者可能会有难处，即一看那一堆的文件就头疼，如果在电子渠道上购买，屏幕上密密麻麻的小字，看不了几行就会眼花；在柜台上购买，坐在那里半天时间估计都看不完。怎么办？其实，看懂这些协议文件并不难，关键是要看核心点。精而简，简而精，精精简简抓中心。

只要大家认真阅读了本书的第4~8章内容，相信你再看合同，即使蜻蜓点水，也能删繁就简、一目了然，用不了10分钟，就能了解个八九不离十。

在这里，我们借用网络语，将快速看懂一款理财产品的核心要点归结为"我愿意（511）"，即五个方面十一个看点。

一是看产品类型。核心看三点：①产品是封闭式还是开放式？如果是封闭式产品，那么封闭期是多长？如果是开放式产品，那么开放期是多长？②产品投资性质是什么，是固定收益类产品还是其他？对应的投资方向和范围大体是哪些？对应的预期收益率大概是什么水平？③产品风险等级为几级？与自己的风险承受能力评级是否匹配？是公募还是私募？自己符合条件吗？

二是看时间安排。核心看两点：①什么时候买？现在是认购期还是申购期？还有几天时间能买？产品剩余额度还有多少？我能再拖一下到最后时间点买吗？哪天起息？②产品到期或开放期赎回后资金几天到账？翻开日历查看一下，有没有遇到周末和节假日？

三是看费用高低。核心看两点：①销售服务费、托管费、固定管理费的收取比例为多大？后续还收取浮动管理费吗？认购或申购免费吗？特别是开放式产品中间赎回时还收费吗？②不同银行或同一银行的竞争性产品，大体需要多少费用？这个费用高得离谱吗？

四是银行信息。核心看两点：①这款产品是银行的自营产品，还是旗下理财子公司的产品，抑或是代销的其他机构的产品？虽然从你这里买，但总的搞清楚产品是谁家的。②产品发行人的投研能力与投资管理水平怎么样？过往经验和口碑怎么样？

五是流动安排。核心看两点：①产品能抵押吗？银行有二手转让交易平台吗？②万一有特殊情况，不到期或不到开放期，要想提前赎回，有可能吗？收费吗？

按照上述"我愿意（511）"方法，从一堆理财产品销售文件中，是不是可以很方便、很快速地理出头绪, 得到最核心的内容? 看完后, 我愿意就买, 不愿意就不买了。

10.3　银行理财投资是委托专业人干专业事, 一定不能所托非人

有的资产, 我们个人不能投资, 必须通过有席位或有资格的机构才能去交易; 有的资产, 我们能买, 但资金实力有限, 没有话语权, 拿不到好价格; 有的资产, 我们能买, 但运作管理水平和风险控制能力不足, 不能取得好收益。所以, 在多数情况下, 我们必须将资金委托给专业机构去打理, 才能实现我们的投资目的。

投资银行理财产品是一样的道理。广大投资者将资金委托给银行, 由银行按照与投资者事先约定的投资策略、风险分担和收益分配方式, 对受托的投资者财产进行投资和管理, 这样银行就开拓了服务新领域, 即银行理财业务; 投资者的资金也有了新去处, 即银行理财产品投资。

银行通过汇集众多投资者的资金, 积少成多, 不仅有利于发挥资金的规模优势, 降低投资成本, 更由于其资金规模实力大, 有能力聘用更加专业的人才, 从而能够实现单个投资者分散投资无法取得的更好收益。投资者购买银行理财产品, 就是统一委托银行进行专业的投资管理。这种方式具有以下特点:

其一, 集合理财, 专业管理。银行将众多投资者的资金集中起来, 由专业人才进行投资管理和运作。他们一般拥有大量的专业投资研究人员和强大的信息网络, 能够更好地对各类要素和资本市场进行全方位的动态跟踪与分析。将资金交给他们管理, 使中小投资者也能享受到专业化的投资管理服务。

其二，组合投资，分散风险。为了降低投资风险，理财产品通常以组合投资的方式进行资金的投资运作，从而使"组合投资，分散风险"成为理财产品的一大特色。"组合投资，分散风险"的科学性已为现代投资学所证明。中小投资者由于资金量小，一般无法通过购买多样化的不同资产分散投资风险。理财产品通常会购买几十种甚至上百种债券或其他资产，投资者购买理财产品就相当于用很少的资金购买了一揽子资产，某些资产下跌造成的损失可以用其他资产上涨的盈利来弥补，因而可以充分享受到"组合投资，分散风险"的好处。

其三，利益共享，风险共担。投资者是理财产品的所有者，相当于投资人共担风险、共享收益。理财产品投资收益在扣除由产品承担的各项费用后，其盈余全部归理财产品投资者所有，并根据各投资者所持有的产品份额比例进行分配。为产品提供服务的托管人、销售方只能按规定收取一定的托管费、销售服务费，并不参与投资收益的分配。为了激励产品管理人投入更多的管理精力，他们有时可以享受一定比例的超额业绩报酬，充分体现了投资管理方与投资者的利益共享和风险共担原则。

其四，严格监管，信息透明。为了切实保护投资者的利益，增强投资者对理财产品投资的信心，监管部门对理财产品实行非常严格的监管，各种规定层出不穷，对各种有损投资者利益的行为进行严厉打击，并强制理财产品进行充分的信息披露。在这种情况下，严格监管与信息透明也就成为理财产品的一个显著特点。

其五，独立托管，保障安全。监管规定，理财产品的发行人负责理财产品的投资运作，本身并能不经手理财产品的保管。理财产品的保管由独立于产品管理人的托管人负责。这种相互制约、相互监督的制衡机制为投资者的利益提供了重要的保护。

当然，同样是发行理财产品的银行或理财子公司，其投研能力和运作水平肯定也存在一定的差异。过去，为了吸收存款和提升竞争优势，越是小银行的理财产品可能收益越高。现在，在各种管理新规下，理财产品的运作愈加规范，真正的竞争优势必须建立在其投研能力、投资运作水平和强大的客户基础与销售渠道上。

为此，在本书的最后，建议大家购买理财产品，还是要关注一下各家银行或理财子公司的产品经营能力。对于银行理财能力的评价指标和标准，是另一个比较复杂的问题，普通投资者也没有必要深挖。一句话：找身边的银行、信任的银行，图一个买卖方便、心里踏实。当然，这种方便和踏实也包括结算方便、网点近便、服务全面，同时有朋友式的专业理财经理。

如果上述这些都具备，那么恭喜你找到了优秀的理财产品。虽说现在银行网点密布、电子途径丰富，但也存在诸如转让、询价、阅读销售文件、沟通产品细节等各种各样的问题。这些事项在任何一个环节出问题，都可能会使投资者错过中意的理财产品。我们希望投资理财的过程要尽量降低选择成本。所以，对于大多数投资者而言，还是建议大家锁定2～3家银行，用你熟悉的方式和方法，和你熟悉的理财经理打交道，不要追求那0.1%的完美，不折腾或少折腾的理财方式才是最好的理财方式。

不过，在这里还是借鉴专业机构的专业评价，给投资者提供一个参考。

国内领先的资产管理与财富管理市场研发机构——普益标准每年都会发布银行理财能力评价报告，2019—2021年连续发布的银行理财能力综合排名，见表10-1。

表10-1　银行理财能力综合排名

	2021 年度	2020 年度	2019 年度
全国性银行（前五）	兴业银行中国工商银行、中信银行、中国光大银行、中国银行	兴业银行中国工商银行、中国光大银行、华夏银行、中国银行	兴业银行、招商银行、中国光大银行中国工商银行、华夏银行
城市商业银行前十）	江苏银行、南京银行、宁波银行上海银行徽商银行、青岛银行、北京银行、杭州银行、汉口银行、天津银行	江苏银行、南京银行、北京银行宁波银行青岛银行、上海银行、杭州银行、徽商银行、汉口银行、大连银行	江苏银行、南京银行、北京银行宁波银行徽商银行、青岛银行、上海银行、杭州银行、汉口银行、长沙银行
农村金融机构前十）	重庆农商银行、上海农商银行、广州农商银行、江苏江南农商银行、杭州联合农商银行青岛农商银行、成都农商银行、江苏苏州农商银行、东莞农商银行、北京农商银行	广州农商银行、重庆农商银行、江苏江南农商银行、青岛农商银行、上海农商银行、东莞农商银行、江苏苏州农商银行、广东南海农商银行武汉农商银行、吉林九台农商银行	广州农商银行、江苏江南农商银行、重庆农商银行、青岛农商银行、上海农商银行江苏苏州农商银行、广东南海农商银行、江苏紫金农商银行、武汉农商银行、吉林九台农商银行

小贴士：

银行不会因客户欺诈而担责

银行销售理财产品要加强投资者适当性管理，而投资者购买理财产品也必须坚持风险适配原则。关键在于投资者应严格如实填写风险评估问卷，不能故意填写虚假信息；银行则不能无视风险而误导投资者。否则，后期出现问题，投资者与银行可能都要承担相应的责任。

在实践中，客户购买的理财产品发生了亏损，就说银行销售不当，理由是理财产品的风险等级与客户的风险等级不匹配。而银行抗辩称，此乃根据客户评估问卷结果显示的评级进行的，即使存在虚假也是客户自担风险的行为。二者谁有理？

2015年，李某在某银行购买了20万元的基金。客户风险评级为平衡级，基金产品类型为混合型。后李某购买的基金出现亏损，2017年诉至法院，主张银行销售适当性有问题，要求赔偿。法院判决银行承担未予适当推介的责任，银行被判承担李某的全部损失。

根据"资管新规"和"理财新规"的规定，目前司法认可的银行抗辩理由只有一条，即客户欺诈。客户为了购买产品，提供假信息，故意将个人风险承受能力的等级调高，致使银行以为客户有很高的风险承受能力，故而把更高风险的产品销售给了不适合的客户，此情形银行可以免责。而其他的，诸如银行知道客户无法承受风险，但是客户不听银行的建议，或者说客户投资水平高，可以自主决定是否购买等，均不构成正当抗辩理由。

所以，作为银行，必须坚持合规、适格管理，不能误导销售；而作为投资者，一定要客观真实地填写评估问卷，按照自己真实的风险承受能力，购买风险匹配的理财产品，否则即使后期出现问题打官司，法院也不会因客户欺诈而判令银行承担相关责任。

读 者 意 见 反 馈 表

亲爱的读者：

感谢您对中国铁道出版社有限公司的支持，您的建议是我们不断改进工作的信息来源，您的需求是我们不断开拓创新的基础。为了更好地服务读者，出版更多的精品图书，希望您能在百忙之中抽出时间填写这份意见反馈表发给我们。随书纸制表格请在填好后剪下寄到：北京市西城区右安门西街8号中国铁道出版社有限公司大众出版中心经济编辑部 张亚慧 收（邮编：100054）。此外，读者也可以直接通过电子邮件把意见反馈给我们，E-mail地址是：lampard@vip.163.com。我们将选出意见中肯的热心读者，赠送本社的其他图书作为奖励。同时，我们将充分考虑您的意见和建议，并尽可能地给您满意的答复。谢谢！

所购书名：_____

个人资料：

姓名：_____ 性别：_____ 年龄：_____ 文化程度：_____

职业：_____ 电话：_____ E-mail：_____

通信地址：_____ 邮编：_____

您是如何得知本书的：

□书店宣传 □网络宣传 □展会促销 □出版社图书目录 □老师指定 □杂志、报纸等的介绍 □别人推荐
□其他（请指明）_____

您从何处得到本书的：

□书店 □邮购 □商场、超市等卖场 □图书销售的网站 □培训学校 □其他

影响您购买本书的因素（可多选）：

□内容实用 □价格合理 □装帧设计精美 □优惠促销 □书评广告 □出版社知名度
□作者名气 □工作、生活和学习的需要 □其他

您对本书封面设计的满意程度：

□很满意 □比较满意 □一般 □不满意 □改进建议

您对本书的总体满意程度：

从文字的角度 □很满意 □比较满意 □一般 □不满意
从技术的角度 □很满意 □比较满意 □一般 □不满意

您希望书中图的比例是多少：

□少量的图片辅以大量的文字 □图文比例相当 □大量的图片辅以少量的文字

您希望本书的定价是多少：

本书最令您满意的是：

1.
2.

您在使用本书时遇到哪些困难：

1.
2.

您希望本书在哪些方面进行改进：

1.
2.

您需要购买哪些方面的图书？对我社现有图书有什么好的建议？

您更喜欢阅读哪些类型和层次的经管类书籍（可多选）？

□入门类 □精通类 □综合类 □问答类 □图解类 □查询手册类

您的其他要求：